AF475420

L'Amour et les Baisers

BIBLIOTHÈQUE DE L'AMOUR

L'Amour et les Baisers

PAR

POL DE SAINT-MERRY

PARIS
LIBRAIRIE P. FORT
19, RUE DU TEMPLE, 19

L'Amour et les Baisers

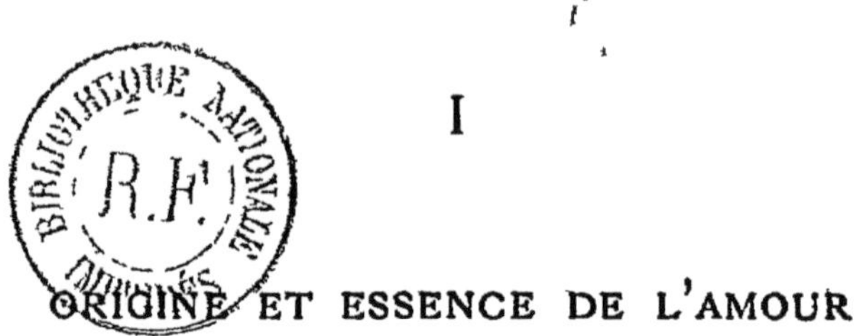

I

ORIGINE ET ESSENCE DE L'AMOUR

En lançant dans l'immensité infinie des espaces, les mondes innombrables, cet ensemble formidable que l'on nomme l'univers, la Divinité créatrice leur a imposé les lois éternelles en vertu desquelles ils gravitent.

Ces lois mystérieuses qui règlent les mouvements des astres avec une régularité et une précision immuables peuvent, au premier examen, paraître contradictoires.

Il semble qu'il y ait lutte entre deux forces opposées. La première attirant l'une vers l'autre toutes les planètes, tandis que la seconde les maintient constamment à la distance qui leur a été assignée par le Tout-Puissant.

De là ce merveilleux équilibre, cette harmonie complète qui règne dans les sphères célestes.

Dans la création tout entière se retrouve,

sous des formes diverses, ce principe souverain d'équilibre, et c'est ainsi que dans l'âme humaine, à côté de ces sentiments qui poussent les êtres à se rapprocher, à côté de ce que nous avons appelé sympathie, amitié, amour, se rencontrent l'antipathie, l'aversion et la haine.

Bien que la raison primordiale de la création nous échappe encore, il n'en est pas moins certain que la puissance inconnue à laquelle nous devons l'existence nous a donné par ce fait même une preuve d'amour complète.

Depuis que l'homme est en possession de la pensée, le problème de son origine l'a toujours préoccupé, et, bien que n'ayant aucune donnée sur la nature de son Créateur, il est toujours arrivé à cette conclusion qu'il doit à cet Être, que cache un mystère impénétrable, un tribut de reconnaissance pour l'amour qu'il a lui-même le premier témoigné.

L'Amour est donc d'essence absolument divine. Et quel que soit le culte pratiqué, partout est adoré, sous des formes et des noms multiples le Dieu d'Amour, le Créateur initial.

Dans toutes les religions, du paganisme au mysticisme, partout c'est l'Amour qui fait le but principal du culte rendu à la divinité.

*
* *

Divin reflet de l'Essence suprême qui anime les mondes, l'Amour est l'éternelle loi présidant d'abord à leur création, équilibrant ensuite leur merveilleuse harmonie, venant enfin jeter sa vivifiante étincelle dans l'âme des êtres qui les habitent, ou plutôt du roi prédestiné appelé à régner sur la matière, c'est-à-dire de l'homme.

Quand les philosophes de l'antiquité, dès l'enfance du génie humain, proclamaient cette loi fondamentale de l'équilibre du monde résultant de la providentielle opposition des contrastes; quand ils affirmaient la supériorité de l'esprit sur la matière inerte, ils soulevaient déjà un coin du voile sur ce mystérieux sentiment aux transformations innombrables, aux manifestations déconcertantes, et qui nous rend, en dépit de la raison même, esclaves des plus viles passions et susceptibles des plus sublimes élans !

« Aimer, a dit Leibnitz, c'est faire son bonheur du bonheur des autres. » Admirables paroles derrière lesquelles il fait discerner la pensée exacte : le bonheur en métaphysique est la réalisation pleine et entière de notre destinée; il consiste, en d'autres termes, dans l'harmonie parfaite entre nos actes et les secrètes aspirations de notre *moi* extra-matériel, aspirations innées que l'ignorance engourdira chez les uns, mais que l'éducation et le travail développeront chez les autres, ou exaspéreront chez les privilégiés jusqu'aux limites presque surnaturelles de l'esprit.

Lorsque cette harmonie se trouve réalisée pour nous-mêmes, la voir se réaliser chez nos semblables devient le couronnement de notre bonheur personnel; il n'est plus de place alors dans notre âme que pour l'amour dans sa plus vaste et sa plus noble acception.

De cet Amour universel, pressenti bien avant lui, le christianisme a fait le dogme fondamental, la vertu maîtresse non seulement prêchée, mais pratiquée par Jésus-Christ lui-même, jusqu'à mourir de la mort ignominieuse de la croix.

Aimez-vous les uns les autres!

II

DIFFÉRENTS ASPECTS DE L'AMOUR

A tous les degrés de l'échelle sociale, dans les différentes phases de la vie, l'Amour se retrouve et règne en maître.

N'est-ce pas l'Amour instinctif qui pousse vers sa mère l'enfant nouveau-né, cet amour filial qui grandit avec l'âge, cette affection sublime qui a donné lieu à tant d'actes de dévouement presque surhumains, à tant de sentiments de reconnaissance ?

Cet amour filial a une contre-partie, l'amour maternel, affection du caractère peut-être le plus élevé, car il est en quelque sorte un reflet de l'Amour divin, de cet Amour du Créateur pour la créature. Ah ! l'amour de la mère pour l'enfant, quel sentiment sublime que cette passion inaltérable, si absolue, si générale chez la mère que l'exception est considérée comme un crime hors nature.

Chez l'homme, chez le père se retrouve cet amour pour l'enfant, mais sous un autre aspect ; c'est un sentiment d'attachement profond aussi, mais contenant en plus une certaine dose d'orgueil. Si la femme a conçu, l'homme a procréé, et si l'on s'en rapporte non à la lettre mais au sens des écritures sacrées de toutes les religions, on doit entendre que l'expression : *Dieu fit l'homme à son image* signifie simplement que l'Être divin quel qu'il soit a voulu déléguer à l'homme une partie de sa propre puissance créatrice.

Une autre forme de l'Amour, c'est l'amour fraternel, sympathie naturelle qui naît entre deux êtres du même sang, et que l'habitude d'une vie commune arrive à lier par une vive amitié. Un frère est un ami donné par la nature.

Mais à côté de l'amour fraternel vient se ranger l'amitié, qui est une de ses phases, et même on peut presque affirmer que l'affection qui unit deux êtres, véritables amis, repose sur des bases plus solides encore que l'amour fraternel.

En effet, le sentiment qui relie entre eux les enfants d'un même père est pour ainsi dire naturel.

Ne sont-ils pas du même sang? Leur inclination l'un pour l'autre est pour ainsi dire indépendante de leur volonté.

Il n'en est pas de même pour l'ami.

L'ami, on l'a choisi soi-même; c'est l'être que, par une sélection raisonnée, nous avons distingué parmi les autres, à cause de certaines qualités que nous avons appréciées chez lui.

Mais à côté de cet amour, de cette amitié, qui ont leur raison d'être tout entière, soit dans les liens naturels de la famille, soit par suite d'un discernement, d'un choix prémédité et voulu, il existe un autre sentiment qui pousse invinciblement l'un vers l'autre les êtres de sexe différent, et qui s'appelle aussi l'*Amour*, l'Amour sans épithète, l'Amour qui fait les *fiancés, les amants, les époux*.

C'est de cet Amour que nous voulons parler dans cet ouvrage, de ce sentiment d'essence divine lui aussi, car il a pour but surtout la continuation de l'œuvre du Créateur suprême, la reproduction de l'espèce.

Cet Amour, qui est un véritable besoin émanant des conditions mêmes de la vie, cette attraction placée par la divinité dans l'esprit, dans le cœur et aussi dans les sens, ce désir inné de félicité inconnue, de bonheur deviné, de satisfaction morale et physique, porte les sexes à se rechercher, pour se compléter l'un par l'autre.

Mais ce sentiment est si complexe, il se différencie tellement selon les individus qui le ressentent, qu'il est, comme toutes les choses du domaine intellectuel, très difficile, pour ne pas dire impossible à définir.

Est-elle la même pour tous la conception du bonheur, de l'espérance. Ce qui se passe dans l'esprit de chacun est pour les autres un mystère, et souvent soi-même on serait fort embarrassé de donner un sens logique à ses préférences particulières. Chacun sent d'une manière qui lui est propre.

En matière d'Amour surtout, les divergences de vues sont plus appréciables : alors que les uns se contenteront de jouissances purement morales, de l'Amour auquel Platon a attaché son nom, d'autres exigeront seulement la satisfaction brutale de leurs sens.

D'autres encore, et ceux-là seuls connaîtront les ineffables joies du véritable Amour qui voudront réunir à la fois la satisfaction morale au plaisir physique.

III

DÉFINITION DE L'AMOUR

L'Amour, comme le bonheur, échappe à l'analyse ; ce sont deux sentiments que chacun ressent d'une manière différente et que, par conséquent, il exprimera d'une façon souvent contraire.

Cependant, pour généraliser, on peut admettre que l'Amour est un désir inné de la possession, un besoin de jouir, créé par la nature dans l'intérêt même de sa reproduction.

Mais à côté de cette fonction pour ainsi dire obligatoire à laquelle tous les êtres vivants sont soumis, il existe pour les organismes supérieurement conformés au point de vue intellectuel un charme particulier, une attirance intuitive qui conduisent un individu plus spécialement vers un autre, qui confond leurs existences, qui mélange leurs désirs et leurs pensées dans une sensation conforme, laquelle se soutient sans aucune intervention étrangère.

De là une harmonie parfaite des âmes, une céleste volupté, qui est l'Amour. Si les sens coopèrent parfois à cet état quasi divin, ils ne sont que des agents d'ordre inférieur, des intermédiaires qui augmentent l'intimité de cette union morale en rendant tout l'ensemble des facultés commun entre ceux qui s'aiment.

Mais ce n'est là qu'une opinion personnelle, et si nous ouvrons les ouvrages que de nombreux penseurs ont écrit sur cet inépuisable sujet, nous y relèverons les définitions les plus diverses et souvent même les plus contradictoires.

« Le véritable amour, dit J.-J. Rousseau, est le plus chaste de tous les liens; c'est lui, c'est son feu divin qui sait épurer nos penchants naturels, en les concentrant dans un seul objet.

« Pour une femme ordinaire, tout homme est toujours homme; mais pour celle dont le cœur aime, il n'y a point d'homme que son amant. Que dis-je ? un amant n'est-il qu'un homme ? Ah! qu'il est un être bien plus sublime! Il n'y a point d'homme pour celle qui aime, son amant est plus, tous les autres sont moins; elle et lui sont les seuls de leur espèce. Ils ne désirent pas, ils aiment. Le cœur ne suit point les sens, il les guide; il couvre leurs égarements d'un voile délicieux. Le véritable amour, toujours modeste, n'arrache point les faveurs avec audace; il les dérobe avec timidité.

« Le mystère, le silence, la honte craintive

DÉCLARATION D'AMOUR

aiguisent et cachent ses doux transports; sa flamme honore et purifie toutes ses caresses; la décence et l'honnêteté l'accompagnent au sein de la volupté même, et lui seul sait tout accorder aux désirs sans rien ôter à la pudeur.

« L'alliance de si doux sentiments ne peut que perfectionner le cœur au lieu de le corrompre. Deux amants sont alors de tendres amis remplis de zèle et d'estime l'un pour l'autre; ils pensent tout haut l'un avec l'autre, sentent et s'expriment à l'unisson.

« Bien éloignés de la méfiance, ils ne craignent que d'être séparés. Ils sont prêts à se donner l'un à l'autre et à donner plus encore, s'ils le pouvaient.

« Un tel amour n'est point un désœuvrement frivole suivi par désœuvrement ou par vanité. Il remplit et s'empare de toutes les facultés. C'est l'affaire la plus importante de la vie. »

Écoutons maintenant le jugement que porte lord Byron sur ce sentiment :

« Oui, l'Amour est une clarté du ciel, une étincelle de ce feu immortel que nous partageons avec les anges, et que le Créateur nous donna pour détacher nos désirs de la terre. La pitié élève au ciel l'âme du juste; le ciel lui-même descend dans nos âmes, avec l'Amour. C'est un sentiment qui vient de la divinité, pour détruire toutes nos grossières pensées; c'est un rayon de Celui qui a tout créé, une auréole brillante qui illumine l'âme. »

Et Chateaubriand ajoute :

« Dans l'Amour, il y a un beau idéal qui touche plus à l'âme qu'à la matière ; alors le génie seul, et non le corps, devient amoureux ; c'est lui qui brûle de s'unir étroitement au chef-d'œuvre ; l'âme échauffée se replie autour de l'objet aimé et spiritualise jusqu'aux termes grossiers dont elle est obligée de se servir pour exprimer sa flamme. »

Voilà ce que devrait être l'Amour ; mais, quand il ne repose que sur la volupté seule, il n'est le plus souvent qu'un vice déguisé.

Il peut offrir certainemnnt, pour un temps généralement très court, un vif empressement et de doux transports, mais tout cela n'aura de durée qu'autant que subsistera le trouble des sens, et le chagrin le plus amer viendra bientôt succéder au délire passager de l'imagination enfiévrée.

La Rochefoucault lui-même hésite à se prononcer d'une façon catégorique.

« Il est difficile, écrit-il, de définir l'Amour : ce qu'on en peut dire est que, dans le corps, ce n'est qu'une envie cachée et délicate de posséder ce qu'on aime, après beaucoup de mystères. »

Ah ! le mystère ! Voilà un des attraits suprêmes de l'Amour, cette passion qu'on enferme jalousement tout au fond de soi-même, cet isolement à deux qui semble si doux, qui fait que tout disparaît pour ne laisser subsister que l'être aimé!

Combien on voudrait la voir durer toujours, cette délicieuse période ou est gardé le cher secret, avec des précautions d'avare pour son trésor!

L'Amour aime, de sa nature, tellement le secret et le mystère, qu'on peut dire que tout ce qui n'est ni secret, ni mystérieux n'est point Amour.

Les femmes ont aussi abordé cette passionnante question de l'amour et Madame de Staël le juge ainsi :

« Amour, suprême puissance du cœur mystérieux, enthousiasme qui renferme en lui-même la poésie, l'héroïsme et la religion! Qu'arrive-t-il quand la destinée nous sépare de celui qui avait le secret de notre âme et nous avait donné la vie du cœur, la vie céleste?

« Qu'arrive-t-il quand l'absence ou la mort isolent une femme sur la terre?

« Elle languit, elle tombe! »

Et Georges Sand, dont le génie a si profondément fouillé le cœur humain, avait aussi de l'Amour la conception de son essence divine.

« L'Amour n'est pas ce que vous croyez, dit-elle; ce n'est pas cette violente aspiration de toutes les facultés vers un être créé. C'est l'expression sainte de la partie la plus éthérée de notre âme vers l'inconnu. »

IV

AMOUR MYSTIQUE

Cet élan de l'âme humaine vers la divinité dont elle émane est tellement vrai, tellement naturel, que l'amour mystique est pour ainsi dire le premier qui se manifeste.

Rappelons-nous les pieuses légendes qui berçaient notre enfance ; quelle mystérieuse tendresse éprouvaient nos petits cœurs, pour ces beaux anges aux ailes d'azur, grands frères du ciel, veillant sur nos têtes fragiles, et pour leur Reine si majestueuse, trônant sur les nuages, foulant à ses pieds les astres, escortée par les légions sans nombre des étoiles du firmament !

Et plus tard, quels transports inconnus quand, pour la première fois, au milieu de ses pompes les plus imposantes, l'Eglise nous recevait au banquet de ses élus ! l'encens avec ses parfums de langueur, les orgues avec leur vaporeuse harmonie, ravissaient réellement nos esprits à la terre !

Que ne peut l'Amour quand il rayonne dégagé de tout caractère humain !

Quand il s'applique à la recherche et au culte du *Vrai*, il engendre des penseurs comme Socrate, Platon, Aristote, Cicéron, Sénèque, Leibnitz, Pascal et Descartes.

Quand il poursuit la réalisation du *Beau*, cette autre forme du vrai, il enfante des orateurs puissants comme Bossuet et Lacordaire, des artistes admirables comme Michel-Ange, Raphaël, Murillo, des poëtes comme Horace, Virgile, Racine, Corneille, Lamartine ou Victor Hugo.

L'amour de leur foi a fait des martyrs de l'ancienne Rome, l'amour de l'Humanité a fait saint Vincent de Paul, l'amour de la Patrie fait encore des héros !

L'Amour enfin inspire le dévouement, l'abnégation, le sacrifice, ces vertus presque surhumaines, puisque l'instinct de notre pauvre nature nous pousserait plutôt à l'indifférence à l'envie et à l'égoïsme.

A lui revient tout ce qu'il y a de beau, de grand, de noble et de généreux chez l'homme.

C'est lui qui mène les âmes et les cœurs, il est le souverain maître du monde !

V

COMMENT NAIT L'AMOUR

L'Amour, ce sentiment qui se ressent de façons si variés, prend naissance également de manières les plus diverses, souvent les plus subites et les plus inattendues.

Mais le plus généralement il naît tout d'abord, lentement, peu à peu entre deux jeunes êtres, deux enfants que des relations fréquentes ont mis presque constamment en rapport.

Ils ont grandi l'un près de l'autre, ils ont partagé les mêmes jeux, c'est d'abord une amitié sincère qui les unit.

Mais voilà que vient l'âge ; en même temps que l'esprit se mûrit, les sens se développent, la nubilité survient et avec elle de secrètes exigences, un trouble inconnu, une poussée invincible vers un but ignoré qui tout d'abord paraît redoutable.

La femme est généralement touchée la première : sa précocité intellectuelle et physique lui donne plutôt qu'à l'homme l'intuitive idée de l'amour; mais cependant elle ne manifestera pas la première ce sentiment nouveau qui a remplacé chez elle l'ancienne amitié, sa pudeur native s'y oppose.

Cette pudeur elle-même s'accroît au contraire et s'affine davantage.

La pudeur chez la jeune fille, avant l'apparition de l'amour, est toute matérielle pour ainsi dire; elle ne s'affecte que des causes physiques qui peuvent la blesser. Mais dès que l'amour entre dans son cœur, elle va rougir à un mot de celui qu'elle aime, à un regard même.

Bien que se sentant attirée par un penchant irrésistible vers celui qu'elle aime, elle n'en laissera cependant rien paraître, car si la nature donne à l'homme l'instinct de chercher, d'exiger en quelque sorte ce plaisir, qui fait le lien des sexes et perpétue l'espèce, elle donne à la femme l'instinct de s'y refuser d'abord ou du moins de ne pas s'y rendre indistinctement.

Alors, pour vaincre plus sûrement, à l'appétit grossier, tout charnel de l'amour, l'homme a ajouté des sentiments presque infinis.

Il a changé l'attaque brutale en une série de moyens détournés, tout pleins d'adresse, de subtibilités, de dissimulation. Il veut tout à la fois tromper et être le maître.

De cette rivalité entre les sexes, de ces ruses,

de cette vie de surprendre et de vaincre, sont nées les difficultés de la vie et la plupart des maux, dont les femmes surtout sont les victimes désignées ; car, plus impressionnable et plus affectueuse que l'homme, la femme est par cela même plus véritablement amoureuse.

Alors que l'homme se prête seulement, en amour, la femme se donne.

Ce n'est pas par les sens qu'elle faillit généralement, elle en a presque toujours le commandement ; tandis qu'il n'en est pas ainsi chez l'homme, c'est par là qu'il est faible.

Il en résulte que, dès le commencement de la passion, tous les avantages paraissent être du côté de la femme ; mais si elle se trouve avoir affaire à qui sait la toucher, les choses changent de face. Elle sent plus vivement le tourment qu'éprouve celui qu'elle aime ; son imagination lui prête des charmes nouveaux et, parvenue à ce point, elle veut déjà trop le bonheur de son amant pour lui refuser ce qu'il désire.

Si l'homme tourne toutes ses facultés et épuise tous ses moyens pour toucher au but, qui est la possession, la femme, au contraire, cache ses désirs, les couvre d'un voile épais, arrête à chaque instant l'essor de son âme ; mais elle n'en est pas moins profondément touchée.

Elle s'abandonne tout entière à l'impression qui la séduit, alors que celui qu'elle aime a déjà épuisé par la possession toute la chaleur première de son cœur.

Ces différentes façons de sentir expliquent la tiédeur de l'homme après la possession et le redoublement d'affection que les femmes portent à celui qu'elles ont rendu heureux.

Donc différence bien marquée chez les deux sexes dans la manière d'aimer; chez les hommes l'Amour n'a de délicatesse qu'en raison du bonheur qu'elles nous font goûter.

*
* *

Il y a, dit le prince de Ligne, des symptômes d'amour aussi sûrs que des symptômes de maladie.

On a chaud, on a froid en même temps; on est du même sentiment; on se rencontre dans la façon de juger; on approuve les mêmes choses; on aime les mêmes gens; on aime les lieux où l'on a commencé à s'aimer et tout cela sans qu'on s'en doute.

Mais la conception de l'Amour n'est pas la même chez les deux sexes.

Chacun d'eux conserve le caractère spécial dont l'origine est dans ses propres organes et dans la fonction qu'il est appelé à remplir.

Ce n'est pas à la femme qu'il appartient de rechercher l'Amour, de le vouloir; elle est la moins forte, ce n'est pas à elle d'exiger.

L'homme ne voit guère dans les rapports amoureux qu'une occasion de plaisir, il en détermine à son gré le mode et le moment; la femme attend.

Elle permet et ne demande point; elle consent et ne s'offre pas.

De là une espèce de guerre ou de rivalité entre les deux sexes.

Chez la femme surtout, de par sa nature essentiellement sentimentale, l'Amour naît souvent, sans qu'il ait pour cela d'objet déterminé; elle a une propension naturelle à l'Amour et ces dispositions ne la quittent jamais.

Les premiers mouvements la portent à la tendresse; l'éducation qu'on lui donne, la mollesse dans laquelle on l'élève contribuent à fortifier ce premier penchant.

Les lectures, les spectacles, les conversations viennent encore apporter un élément à son imagination.

Dès l'âge de treize à quatorze ans, souvent même plus tôt, elle se forme l'idée d'un amant tel qu'elle le souhaite pour être heureuse. Cet être chimérique l'accompagne partout et elle sent pour lui les désirs qu'inspire la réalité.

Elle étudie tous les hommes qu'elle a occasion de connaître; elle les aime en proportion qu'ils lui semblent s'approcher de plus près de l'image parfaite qu'elle porte dans son cœur.

Que vienne à surgir un homme lui paraissant

réaliser son rêve, elle se donne avec joie et souvent, hélas ! s'expose ainsi à de cruelles déceptions.

Très souvent aussi l'Amour peut naître de circonstances fortuites.

Un service rendu, un péril détourné, une communauté d'infortunes peut créer spontanément entre deux êtres, jusqu'alors étrangers l'un à l'autre, une passion d'autant plus sincère celle-là, qu'elle est uniquement basée sur des causes purement morales.

*
* *

Mais il est surtout une forme mystérieuse entre toutes, sous laquelle se manifeste l'Amour, c'est ce que l'on a appelé avec quelque raison *le coup de foudre.*

Tout à coup on se trouve en présence d'un être et avant même d'avoir pu l'analyser, sans que l'on puisse se rendre compte de la nature exacte de l'impression produite, on se sent pris entièrement par un charme puissant et invincible.

Ce cas se produit plus rarement chez les femmes, à part cependant pour certaines natures romanesques, exaltées, nerveuses.

Quant à l'homme, qui vit plus en dehors, dont les sens entrent plus facilement en éveil, qui se frappe beaucoup plus vite, c'est très fréquemment ainsi que l'amour naît chez lui.

Mais ce sentiment irraisonné n'a généralement que la durée d'un feu de paille, car, encore une fois, l'amour véritable, l'amour solide et sérieux doit s'appuyer bien plus sur des qualités morales que sur des séductions physiques !

VI

PREMIER AMOUR

Au printemps de la vie, alors que la recherche instinctive du beau commence à éveiller chez l'homme le sentiment des harmonies possibles, les misères morales lui sont encore inconnues ; il n'a pas encore songé à scruter les redoutables secrets du néant d'où il sort; il ignore, avec la vanité des joies, les amertumes des besoins.

Aveuglé par une lumière aux reflets de mirage, séduit par les douces couleurs de l'espérance, l'homme, à cet âge, ne se préoccupe pas encore des ténèbres dans lesquelles va l'abandonner bientôt ce crépuscule sans aurore.

Il imagine un bonheur réel qu'il façonne au gré de ses rêves et croit fermement à un but utile de l'existence.

Le prestige menteur des apparences influe facilement sur un cœur neuf et le charme tout en surface, que paraît offrir la vie qui commence, embellit les heures dont il semble même agrandir la durée.

Il provoque des désirs que l'assaut des déceptions n'a pas encore découragés, que l'expérience cruelle n'a pas encore abolis.

C'est l'époque heureuse des illusions charmeresses, dans le premier éveil de l'âme, l'heure douce trop vite envolée des aspirations vers un inconnu vaguement pressenti, l'instant fugace des élans du cœur vers des êtres réels qui semblent personnifier aux yeux de l'adolescent les mystérieuses perfections de l'idéale beauté préconçue.

Ah! c'est alors que la nature tout entière apparaît admirable, que l'âme s'émeut devant un site agreste, devant la majesté sublime des monts, devant l'immensité troublante de la mer.

C'est alors qu'on ressent, dans toute sa poétique douceur, le calme infini de quelque belle nuit d'été.

C'est alors que le printemps est véritablement le printemps!

C'est alors que l'on s'inquiète d'une rose qui meurt, que l'on sourit aux muguets des bois!

C'est alors que le cœur se prend délicieusement à battre pour un regard, pour un sourire, pour une pression de main!

C'est alors que l'on est heureux, absolument heureux, seule avec une douce pensée, rêvant au bord de quelque frais ruisseau que la lune discrète vient moirer de ses rayons d'argent, pendant que murmurent de délicieuses choses les rameaux doucement agités par le souffle embaumé du soir !

L'âme s'interroge, se cherche, essaye de découvrir la nature exacte de cet espoir dont elle est remplie.

L'attente de voluptés attendues, mais qu'elle ne discerne pas encore, étend sur tous les objets une nuance tendre, leur prête une forme gracieuse.

L'espérance est comme une beauté vierge dont on a seulement pressenti les grâces voilées; on ne l'a vue qu'en songe : elle passait dans les nues, et depuis elle semble partout présente, parce que partout on la cherche.

Et quelle est donc la cause primordiale de cet état d'âme ?

L'amour naissant !

Le but de cette espérance encore indéfinie ?

L'amour deviné !

Vers quel résultat tendent ces aspirations ?

Vers l'Amour, l'Amour seul, l'unique raison et le grand mystère de la vie.

D'intuitives perceptions, imprécises, troublantes mais très douces, envahissent le cœur, laissant après elles une sorte d'émanation pure et suave qui anime et entraîne tout l'être frémissant dans des sphères de rêve.

C'est ainsi qu'aux heures du sommeil, des sensations en harmonie parfaite avec notre situation d'esprit agissent sur nos organes encore endormis, avec toute la force de la réalité, et nous donnent au réveil, au moment où nous allons rentrer dans la vie ordinaire, l'impression exacte d'événements accomplis.

Dans l'envolée d'un songe heureux, absent de la vie réelle, nous avons imaginé, nous avons senti quelque chose d'une vie meilleure.

L'Amour produit cette illusion, il nous rapproche de l'idéale beauté dont la conception est en nous.

Le Beau est partout le même, il n'a qu'un principe et les effets en sont analogues.

Dans l'âme grande, tout sera élévation et vérité : tout sera ineptie, brutalité, artifice dans l'âme basse.

Le principe de l'Amour est le sentiment de l'ordre, des proportions, de l'élégance, de tous les genres de beauté.

L'Amour pour une femme ainsi que le désir du juste et du beau ne sont qu'une même affection.

L'homme qui est incapable des jouissances et des besoins du goût n'a point d'élévation dans la pensée, ni d'étendue dans les sensations.

Il n'est pas fait pour aimer.

Il a des sens, mais il n'a point d'âme.

Il a ce qui fait qu'une femme est le principal

objet de l'Amour dans l'homme, mais il n'a point ce qui fait l'Amour.

Comprendra-t-il jamais ce qui est beau dans une femme ?

Il est né pour qu'il suffise de rencontrer une de ces images ébauchées qui n'ont reçu que la matière du sexe dont ils eussent dû faire partie.

Une femme vraiment aimable est comme une harmonie parfaite pour les affections de l'homme.

Ce n'est pas une Diane à la taille svelte, au front élevé, courageuse, légère, forte, inaccessible, mais Vénus-Adonaïs, taille moyenne, formes arrondies, mouvements voluptueux, physionomie de grâce et de délicatesse.

La main ne sera pas assez forte, pour n'avoir pas besoin d'être aidée, d'être servie.

Le bras aura les proportions favorables aux caresses.

Le sein donnera tout ce que l'imagination la plus heureuse eût réservé pour le charme des belles heures de la vie.

Il est ce que l'homme n'eût jamais imaginé, ce que la nature infinie a seule pu faire : doux accord de simplicité et de beauté ! assez voluptueux pour l'excès du plaisir, encore assez beau quand le plaisir n'est plus ; assez expressif, dans l'agitation, pour les désirs extrêmes ; assez pur dans la nudité, pour les désirs reposés ; tout vivant d'amour et de fécondité, il justifie le besoin d'aimer, il permet un espoir sans bornes et des sentiments sublimes.

Et le regard ! Et le sourire ! Et la voix !

Oh ! la femme que l'on a aimée ! quand, avec la course du temps, les douleurs nous atteignent et les années pèsent plus lourdement sur nos épaules ; quand le regret inutile et la longue impatience ont consumé la vie de l'Amour, sa voix, sa bouche ont encore ce charme qu'on ne retrouve point.

Misérable vie humaine !

L'espoir et la vie sont comme deux ombres envoyées pour errer ensemble : elles s'approcheront, s'éloigneront, se retrouveront ; et l'une restera quand l'autre sera dissipée.

Nos jours paraissent survivre, mais flétris, fatigués, mais anciens dans la répétition des heures, éteints et passés dans le présent même !

Tous ne sont pas dignes d'aimer !

Tous ne sont pas faits pour être aimés !

Presque tous, pourtant, aiment et sont aimés.

Mais de quelle manière différente !

Et quelle distance existe d'un Amour à un autre.

C'est l'objet particulier de chaque passion qui en détermine les effets.

Elle affermit l'âme ou l'énerve ; elle purifie les affections ou les dégrade, selon que nous aimons ce qui plaît seulement ou ce qui mérite

AMOUR D'AMANTS

d'être aimé, selon que nous cherchons le bonheur dans les sentiments nobles et les plaisirs justes, ou que nous cédons à la fantaisie d'un lien trivial et illégitime dont il faudra dissimuler les vils avantages.

Si le cœur est intègre ou pervers, grand ou misérable, l'Amour est louable ou condamnable, élevé ou honteux.

Plusieurs sages ont dit :

« L'Amour n'est que vanité. »

Soit !

L'Amour est vain comme tous les incidents de notre vie périssable; il est vain comme toutes les affections du cœur mortel; comme le sont l'homme et la terre qu'il emplit de son inquiétude, toutes les choses qui passent, qui peuvent finir, que les désirs embellissent, et qui ne sont plus déjà qu'un souvenir alors qu'on croit les posséder.

Quand on désire aimer, quand on est près d'aimer, l'Amour devient une partie essentielle de la vie : quand on est aimé, c'est la vie elle-même.

Mais aux bornes de l'existence du cœur, quand l'espoir éteint endormira les désirs, quand on n'aimera plus, quand on ne pourra plus aimer? Alors, si l'on n'a pas aimé, si l'on n'a vécu que des songes sans objet, le jour vient vite où le songe lui-même cesse enfin d'être bien senti.

Quelquefois cependant le nom seul de l'Amour rappelle encore ce rêve profond; il fait frémir comme ces idées qui ramènent les maniaques à leur folie.

Mais, dans l'oubli habituel, on croit juger que l'Amour n'est qu'une ombre.

Et, en effet, que serait-il autre chose?

Mais de toutes ces ombres dont se compose le fantôme de l'existence morale, c'est la moins bizarre peut-être et la moins déplorable.

Et si la vie n'est qu'une suite de vanités, il faut bien avouer que le premier de nos songes est une des choses les plus importantes de la vie!

La première fois qu'une femme aime, elle est timide et embarrassée, à peine ose-t-elle l'avouer; les plus légères faveurs lui paraissent des crimes; elle se les laisse ravir plutôt qu'elle ne les accorde et elle se les reproche sans cesse; elle voudrait se faire violence et résister à son penchant. Cet état de contrainte tourne au profit de la passion et elle n'en aime que davantage.

La seconde fois, elle est plus libre; les fautes lui coûtent moins à commettre, elle se livre avec moins de retenue et presque sans remords; elle sent plus l'empire des sens et beaucoup moins celui du sentiment.

L'impression du premier amour reste bien plus vivace dans le cœur de la femme que dans celui de l'homme, et ces vers de Demoustiers sont bien vrais :

> Des femmes ont coutume d'oublier
> Tous les adorateurs, excepté le premier.

C'est celui-là qui sert d'époque à la tendresse.

VII

DÉCLARATIONS D'AMOUR

Nous avons vu que le premier mouvement de la femme qui aime est plutôt un sentiment de réserve, conséquence naturelle de sa pudeur instinctive.

Ce n'est donc pas d'elle que viendra le premier aveu; tout au plus l'encouragera-t-elle, par un des mille moyens détournés que lui suggèrent son esprit délié et son intelligence.

C'est donc à l'homme qu'il va appartenir de faire les premières avances.

Mais là, l'Amour peut se trouver en présence de deux sortes de tempéraments diamétralement opposés.

Parmi les hommes se rencontrent des timides et des audacieux.

Hâtons-nous de déclarer que les chances de réussite sont bien plutôt en faveur de ces derniers.

En effet, si la jeune fille aime réellement, elle ne se sentira jamais blessée par une déclaration qui répond à son désir secret; si elle n'aime pas, elle sera néanmoins flattée dans son amour-propre de cet hommage rendu à ses charmes.

Cependant, il faut bien observer ceci, c'est que l'homme audacieux en amour, le don Juan, l'homme à bonnes fortunes, le casse-cœur, peut voir ses moyens habituels paralysés en présence de certaines femmes, dont l'honnêteté profonde lui en impose et le classe dans la catégorie des hommes timides.

Du reste, est-ce bien de la timidité ce sentiment étrange qui saisit certains hommes en présence de la femme qu'ils aiment et dont souvent ils ont la certitude d'être aimés?

Pourquoi donc n'avouent-ils pas leur passion et paraissent-ils retarder comme à plaisir l'instant pourtant si désiré d'acquérir une certitude?

Ah! c'est que ceux-là sentent réellement, c'est que l'Amour qu'ils éprouvent les trouble à un tel point que leur esprit semble les abandonner. La pensée est comme atrophiée, le bonheur entrevu paraît si intense, si disproportionné avec les organes de la perception, qu'ils ne savent rendre d'une façon nette les sensations éprouvées.

Ils placent si haut l'objet de leur amour qu'une

crainte s'empare d'eux, de n'être pas dignes de la félicité entrevue et vient en quelque sorte paralyser leurs moyens dans une espèce d'éperdument de l'esprit.

Cependant, il faut bien se décider quelque jour à parler ! De quelle façon va donc se produire le doux aveu ?

Il est évident que dans le roman et au théâtre, où tous les effets doivent tendre à faire sur l'esprit du lecteur ou du spectateur une impression profonde, le langage de l'amour revêt des formes élevées, héroïques, poétiques. Mais dans la vie réelle, est-ce bien ainsi que parle la passion, surtout à ses débuts, quand il faut pour la première fois ouvrir son cœur ? Non pas ?

Un mot, un seul, et qui sera toujours le même, vient aux lèvres : *Je t'aime!* et cela dit tout; et la bienheureuse phrase équivaut aux discours les plus enflammés par l'intonation qu'on lui donne.

L'amant ne se lasse pas de répéter ce mot, l'amante l'entend toujours avec un plaisir nouveau, car, dans ces simples syllabes, peuvent trouver place toutes les nuances, depuis l'Amour le plus éthéré, jusqu'à la passion la plus fougueuse.

On peut donc affirmer qu'en amour le langage parlé n'existe pas en quelque sorte, car c'est un perpétuel et inconscient recommencement des mêmes mots.

Il est rare qu'une première déclaration d'amour soit faite de vive voix, l'homme qui aime se méfie de ses moyens, il a conscience de son trouble et il préfère confier au papier les sensations qu'il éprouve. Il écrit.

Ah! les chères lettres d'amour que l'on garde si longtemps enfermées dans le tiroir le plus secret du meuble favori, que l'on relit encore quand déjà le cœur est mort et qui causent de si douces réminiscences des beaux jours envolés, des jours où l'on aimait, où l'on était aimé!

Comme on aurait tort de sourire si dans une lettre d'amour on retrouvait par hasard quelque phrase copiée dans un de ces livres spéciaux, dans un de ces *Parfaits secrétaires des amants* qui répondent si bien à une nécessité.

La phrase, voyez-vous, la lettre entière répondait si bien au sentiment ressenti, qu'elles cessent d'être une phrase, une lettre banale pour revêtir le caractère d'une impression personnelle!

Mais la parole et l'écriture ne sont pas les seuls moyens de faire connaître son amour; les yeux n'ont-ils pas leur langage? la main n'a-t-elle pas de significatives pressions?

Le bras qui s'enlace à la taille pendant un tour de valse, n'est-il pas éloquent?

En amour tout est langage et le moindre signe est compris.

Les fleurs elles-mêmes deviennent, par leur

appropriation charmante, de fidèles messagères d'amour, et leurs nuances, dans un bouquet savamment disposé, en disent souvent plus long et d'une façon plus saisissante que les phrases les mieux tournées.

L'Amour, du reste, idéalise tout ce qu'il touche et les choses les plus vulgaires se poétisent à son contact.

VIII

AMOUR CHARNEL

Nous avons vu que l'Amour ne saurait rester toujours dans les sphères supérieures.

A mesure qu'il restreint son champ d'action, il perd de son immatérialité.

Après avoir présidé aux attractions de l'âme, il devient la force mystérieuse qui anime la matière en attirant l'un vers l'autre les individus de sexes différents.

Cette transformation s'opère en dehors de notre perception, presque à notre insu, parce que les voluptés de l'âme et les plaisirs des sens se fondent en un sentiment nouveau qui ne se contente pas de conceptions idéales, mais qui réclame un objet tangible, un être dont la chair s'unisse à notre chair.

Et c'est alors qu'apparaît la Femme !

Il nous faut, à propos de cette métamorphose de l'Amour, constater ici combien sont erronées les doctrines de l'Amour platonique.

Trop fidèle à son principe originaire que l'Amour n'est une passion noble que quand il est dégagé des sens, mais ne pouvant nier cependant le rôle capital de la femme dans cet état particulier de l'âme, Platon en arrivait à combiner un sentiment moitié surnaturel, moitié humain, qui ne devait rechercher que les qualités du cœur et ne s'inquiéter nullement de la beauté du visage ni de l'harmonie des formes.

Un être contrefait, infirme, répugnant même, mais réunissant les qualités morales suffisantes, devrait donc être préféré à un être absolument parfait sous le rapport extérieur, mais moins bien partagé au point de vue moral.

Une telle théorie est foncièrement contraire à la nature.

Sans doute, c'est un conseil couramment donné aux jeunes gens qui désirent s'unir à une femme, de préférer la beauté morale aux avantages physiques, et l'on ne saurait nier que la beauté périssable, hélas! a maintes fois procuré moins de bonheur que de solides qualités de l'âme.

Sans doute l'Amour transfigure parfois à nos yeux l'être que nous avons choisi entre tous; mais ce merveilleux pouvoir est précisément une preuve de plus que l'Amour humain, l'Amour réel, l'Amour pratique pour ainsi dire demande, pour s'épanouir, une incarnation aussi parfaite que possible de son idéal.

L'amant peut voir faux quelquefois, mais il est toujours convaincu qu'il voit juste et que l'objet qui captive ses regards est la perfection absolue.

Cette prédominance de l'Idéal dans la théorie platonicienne a fait, par corruption de nuance, qualifier souvent de platonique un amour qui, sans être exempt des appétits de la chair, s'en tient officiellement à des manifestations purement intellectuelles : l'amour de Paul pour Virginie, par exemple.

La question a souvent été débattue, mais malgré l'incontestable talent des écrivains qui ont voulu prouver la possibilité de l'innocence des rapports continus, journaliers, entre deux individus de sexe différent, on ne saurait raisonnablement l'admettre qu'à titre d'infirmité morale, peut-être même physique.

« Couvre-moi de baisers, disait Héloïse à Abeilard, je devinerai le reste. »

Hors de cette alternative, un tel phénomène ne peut s'expliquer que par l'ignorance, et il cessera alors de lui-même le jour où se fera l'inéluctable révélation, ou par l'hypocrisie, et dans ce cas la vérité, tôt ou tard, mais fatalement aussi, viendra confirmer l'omnipotence des lois de la nature.

IX

INFLUENCES DE L'AMOUR

L'erreur de Platon n'a rien d'ailleurs qui doive nous surprendre ; la société antique avait de l'amour une conception absolument différente de celle que nous devons à la civilisation, à l'éducation modernes, lesquelles donnent à la sentimentalité une part de plus en plus large.

A Sparte, jeunes gens et jeunes filles étaient élevés de la même façon, c'est-à-dire avec la même absence totale de pudeur et de costume, participaient aux mêmes exercices de gymnastique, mangeaient le même brouet noir ; devenue femme, la jeune fille restait avant tout la propriété de la République, à laquelle elle devait fournir le plus de guerriers possible sans distinction d'origine.

Les fameuses lois de Lycurgue, si vantées dans les classiques, n'étaient à tout prendre qu'une réglementation d'élevage civique.

L'Amour était inconnu sous toutes ses formes.

Les Spartiates étaient une nation exclusivement guerrière.

Pour que ce petit peuple, ne connaissant ni l'Amour, ni la famille, ni le foyer, pût conquérir la Grèce, il fallait que celle-ci fût, comme elle l'était effectivement alors, plongée dans les ténèbres de la barbarie.

Mais nous voyons, plus tard, Athènes devenir le berceau des lettres, des sciences et des arts.

L'esprit reprend son prestige, l'Amour fait vibrer les âmes, et les poètes le chantent dans leurs vers immortels.

Nous trouvons dans Homère, surtout dans les scènes où figurent des femmes, — à côté des violences et des grossièretés excusables dans une civilisation si jeune encore, des délicatesses morales vraiment exquises.

Hécube, la femme de Priam et la mère d'Hector, est une mère admirable.

Andromaque, femme d'Hector, est restée comme le type immortel de l'affection conjugale la plus tendre et la plus dévouée.

Pénélope ajoute à la fidélité héroïque de son affection pour Ulysse une prudence qui en fait la digne compagne de son époux,

Les hommes, il est vrai, ont encore l'âme rude, la parole prompte et la colère facile.

L'Amour ne conserve dans leurs préoccupations qu'un rôle secondaire, leur plus pure jouissance étant de guerroyer à tout propos, avec force discours, imprécations, sacrifices, etc...

Aussi, les manifestations sentimentales des infortunées épouses sont-elles généralement mal accueillies.

Passe encore quand elles portent dans leurs bras le rejeton, « tendre enfant semblable à un bel astre », futur héritier de la gloire paternelle. Le père, alors, daigne sourire ; mais quand la mère le supplie, par amour pour elle, de renoncer à son existence d'aventures et de dangers, le héros répond, avec toute la franchise du plus naïf et complet égoïsme, qu'il ne veut pas qu'on puisse jamais dire que la femme d'un guerrier de sa valeur ait été emmenée en esclavage.

Orgueil, amour-propre, entêtement, fanatisme, patriotisme même si l'on veut, il ne manque rien que l'Amour !

« Et pendant que le héros repart allègrement au combat, l'épouse chérie regagne sa demeure en retournant souvent la tête et en versant des larmes abondantes.

« Arrivée bientôt après au palais bien bâti de l'homicide Hector, elle y trouva les servantes assemblées et les remplit toutes de douleur.

« Elles pleurèrent Hector, dans sa maison, tout vivant qu'il était, car elles n'espéraient plus qu'il revînt du combat, après avoir échappé aux mains des Grecs[1]. »

Dans l'ancienne Rome, le rôle de la femme est encore empreint d'une sauvage énergie qui ne laisse que bien peu de place à l'Amour.

Ce n'est guère que chez nos ancêtres à la longue chevelure, chez les enfants de la vieille Gaule, qu'on rencontre les premiers symptômes d'une galanterie relative : la femme n'est plus l'esclave cantonnée dans les soins domestiques; elle jouit d'un certain prestige, d'une autorité incontestable, elle est même admise dans les assemblées des chefs, et ses conseils sont religieusement écoutés!

Les mœurs de nos vaillantes mères restent encore quelque peu frustes.

Non contentes, au sein des batailles, d'exciter par leurs cris et leurs chants le courage de leurs maris, elles ne craignent pas à l'occasion de charger à côté d'eux, l'arme au poing, les légionnaires effarés des armées romaines!

Au christianisme revient l'honneur d'avoir donné à l'Amour le double caractère de pudeur et de tendresse qui fait aujourd'hui le charme particulier de la femme aux yeux de l'homme.

Chez la femme, en effet, la pudeur et l'Amour sont les deux sentiments qui dominent et qui forment la base de sa nature.

1. *Iliade*, VI, 494-502.

Selon que l'un ou l'autre l'emporte, deux types se développent, également vrais, également beaux, peut-être, l'un plus admirable, l'autre plus touchant.

L'un, c'est la femme sainte et pure, à la robe sans tache, à l'âme éclatante de candeur : c'est Pénélope ou Rébecca, s'enveloppant dans leur voile à l'aspect de leur époux, c'est Polyxène arrangeant les plis de son vêtement pour mourir avec décence.

L'autre, c'est la femme fragile et coupable par excès de tendresse, par un dévouement trop aveugle; pécheresse, hélas! pour avoir trop aimé!

Mais l'Amour, quoiqu'il s'égare aisément dans la voie mauvaise, est d'essence sainte comme la pudeur, et tire son origine du ciel.

Un jour il pourra racheter la faute qu'il a causée, il conduira la pécheresse du crime au repentir, du repentir à l'expiation.

Un jour, sous le cilice et la cendre, le visage baigné de pleurs de la femme pénitente nous apparaîtra presque aussi beau que le visage calme et serein de la femme sans reproche.

Phèdre, Hélène, Didon sont les ébauches imparfaites que l'antiquité nous a laissées de ce type.

Elles ont connu le remords, elles n'ont point érigé leur faute en vertu, elles ont cherché à se cacher, rouges de honte et pleurantes; mais leurs remords stériles ne les ont point purifiées.

C'est que la grandeur de l'expiation ne pouvait être comprise qu'après que la loi de miséricorde aurait été révélée, après la venue du Verbe et son divin sacrifice.

Au pied de la croix où il expire pour le salut du monde, apparaissent également près de lui l'innocence et le repentir, à côté de Marie trois fois sainte, à côté de la pureté immaculée qui a été jugée digne d'enfanter un Dieu et d'écraser la tête de Satan, il a souffert la pécheresse Madeleine, la folle qui courait jadis par les rues de Jérusalem, offrant aux regards des hommes sa beauté sans voiles.

Qui l'a relevée ainsi jusqu'au Christ, jusqu'à Marie, jusqu'au Ciel ?

L'Amour !

Tout lui a été pardonné parce qu'elle a beaucoup aimé.

Après cette réhabilitation divine, peut-on s'étonner de voir l'Amour, aux époques de foi ardente du moyen âge, inspirer les lois de la chevalerie au même titre que l'honneur de la religion !

« Dieu et ma dame : » telle était la devise des paladins et si, par le service du Premier, ils n'hésitaient pas à se lancer à travers l'inconnu, à la conquête des saints lieux ; pour complaire à la seconde, ils s'efforçaient de devenir « bien méritants », non seulement par de valeureux faits d'armes, mais encore par des bonnes œuvres de moins belliqueuse nature.

L'Amour revêt dès lors une personnalité nouvelle, il a conquis droit de cité.

Qui sait s'il ne régnera pas quelque jour en maître absolu, mais plus équitable, plus miséricordieux, plus pitoyable aux pauvres que tant d'autres systèmes si prodigues de promesses et si peu féconds en résultats !

C'est peut-être sur l'Amour que se basera la civilisation de l'avenir.

Dénaturé dans l'opinion contemporaine, le socialisme n'est pas autre chose en principe, que la mise en pratique de la sublime théorie du Christ qui voulait que tous les hommes fussent frères : tous pour chacun, chacun pour tous.

X

AMOUR PARTAGÉ

L'Amour idéal, avons-nous dit, n'est qu'une volupté morale qui, sous l'influence de notre double nature, esprit et matière, se transforme à un moment donné pour devenir l'Amour sensuel.

A côté de sa destinée morale, l'homme doit accomplir sa destinée terrestre, qui est de transmettre la vie et de perpétuer la race.

Sous cette forme même, l'Amour ne devient pas indigne de son origine céleste, car au fruit matériel de l'Amour humain Dieu donne une étincelle de l'Amour divin dont il est l'universel foyer, et dans cette frêle enveloppe charnelle vient habiter, dès le premier souffle, l'*âme* immatérielle et intangible, insondable, comme l'éternité qui sera son partage.

Au printemps de la vie, le jeune homme rencontre la jeune fille : ils ont tous les désirs de l'inexpérience, tous les besoins d'une vie nouvelle, toutes les espérances des cœurs droits.

Le cœur possède toutes les qualités de l'Amour, il faut aimer.

La jeune fille rencontre un homme pour qui tout commence, il est plein de vigueur, impatient de vivre, riche d'espoir et beau d'inexpérience.

C'est une justice de lui consacrer fraîcheur, grâce, légèreté, noblesse, tout ce qu'on sait bien posséder en soi.

L'on entre dans la vie. Qu'y faire sans Amour?

Pourquoi l'harmonie de ces mouvements, cette décence voluptueuse, cette voix habile à tout dire, ce sourire fait pour entraîner, ce regard si propre à changer le cœur?

L'âge, le désir, les convenances, l'âme, les sens, tout le veut : c'est une nécessité!

Tout exprime et demande l'Amour : cette main formée par les plus douces caresses, cet œil dont les fonctions sont vaines, s'il ne dit pas, je consens à être aimée ; ce sein qui sans amour est immobile, muet, inutile, et qui se flétrirait un jour sans avoir été divinisé ; ces formes, ces contours qui changeraient sans avoir été connus, admirés, possédés ; ces sentiments si tendres, si vastes, si voluptueux et si grands, l'ambition ou cœur, l'héroïsme de la passion!

Cette loi délicieuse, il faut la suivre!

Ce rôle enivrant que l'on sait si bien que tout

rappelle, que le jour inspire et que la nuit commande, quelle femme jeune, sensible, aimante imaginera de ne pas les remplir ?

Aussi ne l'imagine-t-on pas.

Les cœurs justes sont les premiers vaincus.

Plus susceptibles d'élévation, comment ne seraient-ils pas séduits par celle que l'Amour donne ?

Ils se nourrissent d'estime, ils aiment l'autre cœur qu'ils ont choisi parce qu'ils en aiment les qualités, parce qu'ils savent qu'il en est digne et qu'il sera capable de réaliser leur idéal.

L'énergie de l'âme, le besoin de montrer de la confiance, celui d'en avoir, des sacrifices à récompenser, une fidélité à couronner, un espoir à entretenir, une progression à suivre; l'agitation, l'intolérable inquiétude du cœur et des sens ; le désir si louable de payer tant d'Amour par un amour égal, le désir non moins juste de resserrer, de consacrer, de perpétuer, d'éterniser des liens si chers, de voir se créer un foyer, se fonder une famille, tout jette aux bras l'un de l'autre ces deux êtres qui n'en feront plus qu'un.

Bonheurs et tristesses, espérances et regrets, goûts, aspirations, pensées, tout sera désormais commun à deux cœurs en un seul, à ces deux âmes en une âme unique !

XI

AMOUR D'AMANTS

Chez le tout jeune homme, qui ne connaît encore de l'Amour que les frissons avant-coureurs, ce sentiment ne peut exister qu'en surface, et n'est généralement produit que par une cause purement matérielle.

L'image qui viendra la première peupler ses rêves sera celle d'une actrice, par exemple, dont le talent, mis en valeur par un milieu factice, étincelant, troublant même, aura rehaussé la beauté physique; d'une chanteuse de café-concert qui, par ses couplets, aura éveillé les curiosités de son esprit en même temps que les appétits de son instinct, par ses gestes, ses attitudes; d'une écuyère de cirque, dont le souvenir se pimentera de cette admiration inconsciente qu'éprouve l'homme pour la femme d'une énergie physique au-dessus de son sexe.

Nous ne sommes plus à l'époque où les collégiens blêmissaient, extasiés devant les belles dames en cire, exhibant d'alléchantes poitrines dans les vitrines des coiffeurs.

Innombrables sont devenus les établissements de plaisir où les novices peuvent assouvir toute leur soif d'idéal, en compagnie de réalités aussi galamment dévêtues et, de plus, susceptibles de conversations infiniment plus instructives, et dont l'anatomie visible ne s'arrête pas à la ceinture.

Dans ces éruptions printanières, est-il besoin de le dire, l'âme et le cœur n'ont absolument aucun rôle, l'âme surtout.

Au début de toute liaison amoureuse, aussi bien régulière que clandestine, certains organes prennent une importance capitale.

C'est par l'œil que se transmet la première sensation qui précède l'Amour; c'est l'oreille qui va percevoir le premier aveu et se faire l'agent transmetteur du charme encore purement moral de la communication qui s'établit entre les cœurs.

Ce n'est que plus tard qu'apportent leur concours à l'action générale la main pour le contact, la bouche pour le baiser.

Mais que soit consentie la possession, adieu alors les longues extases, les yeux dans les yeux, les douces phrases murmurées!...

Il faut désormais à l'Amour des manifestations mieux caractérisées, et les amants n'ont plus qu'un seul objectif, se confondre dans les étreintes qui seules vont leur donner les joies attendues.

L'Amour entre amants a aussi son langage spécial dont l'influence doit agir non seulement sur l'imagination, mais sur les sens eux-memes ?

Ce langage peut-il s'apprendre ?

Non, sans doute, car à côté de l'éternel « Je t'aime », viennent se glisser des mots troublants qui jaillissent instinctivement des lèvres, des mots dont le sens échappe parfois et qui répondent à d'intimes pensées des amants enlacés.

Ce langage de l'Amour se transforme suivant les circonstances.

Avant la possession il doit être tendre, tout d'inflexions musicales, presque timide, d'une émotion pénétrante.

Il ne faut pas qu'une note discordante vienne rompre l'illusion dans laquelle se complaît la femme qui va se donner.

Il faut qu'elle puisse garder intacte jusqu'au bout l'impression qui fait qu'elle se livre sans vouloir y penser.

Mais c'est pendant l'Amour surtout que le langage devra s'assimiler plus complètement au tempérament, au degré d'exaltation de la femme aimée ; il faut que les mots prononcés dans ce moment suprême paraissent le naturel accompagnement de l'acte qu'ils corroborent.

Il faut que la femme non seulement puisse les entendre sans que sa sensibilité s'en blesse, mais encore qu'ils viennent augmenter la somme de jouissances qu'elle éprouve.

Malheur à l'amant qui par un mot maladroit vient rompre le charme : la femme ne lui pardonnera jamais.

*
* *

Si l'on suit, dans la rue, une taille gracieuse, une démarche légère, une jupe gentiment relevée, un pied coquettement captif dans une fine chaussure, on sait que la pente, la pente glissante de la tentation, ne mènera pas loin.

Et cependant que de liaisons durables ont eu de moins captivantes origines!

La chronique ne raconte-t-elle pas qu'un certain banquier, un vétéran cependant, qui n'en était pas à sa première bataille, se sentit frappé du fameux coup de foudre, un beau soir, en plein restaurant, devant la façon délicieusement jolie dont une jeune et élégante personne, à la table voisine, mangeait une caille!

Il n'avait pas regardé la femme, ni détaillé ses charmes. Mais elle apportait tant de grâce féline à retourner de ses doigts menus et blancs l'oiseau qu'elle tenait; ses yeux brillants convoitaient ce régal avec une si gourmande expression de jouissance, que le financier en conclut aussitôt : une femme qui apprécie et savoure à ce point le plaisir des sens doit être la plus exquise des maîtresses.

L'expérience lui prouva surabondamment la justesse de sa déduction, car il avoua plus tard que jamais maîtresse n'avait été l'égale de celle-là, et il mourut gâteux.

Pauvre coup de foudre ! on en a tant joué dans les drames, les romans, les mélos, qu'on a peur de faire sourire au simple énoncé de son nom.

Et cependant il fait autant de victimes qu'autrefois, sous l'étiquette plus fin de siècle d'hypnotisme, suggestion, etc.

Elles sont, aujourd'hui, légion, les maladies d'amour auxquelles il a passé la main !

L'espèce, d'ailleurs, perd de plus en plus sa force de résistance ; elle dégénère sous ce rapport comme sous tant d'autres.

On reprochait à nos ancêtres un excédent de vigueur au détriment de la sentimentalité : trop de muscles, disait-on, pas assez de nerfs !

Nous en sommes à l'excès contraire et la génération présente détient, hélas ! le record de l'anémie, de la névrose physique, intellectuelle et morale.

Les cœurs se détraquent, s'affolent, au moindre courant de volupté ou de désir ; la passion exige satisfaction immédiate, complète.

Les amants distingués pleurent, à présent, à

la façon de 1830, dans leurs gilets de coupe romantique, et ce sont les femmes qui jouent du révolver ou du vitriol.

Tout malsain qu'il soit devenu, l'Amour des amants est plus fréquent que jamais.

Les tempéraments modernes s'accommodent très volontiers de cet état mixte qui leur permet de couper par des relais hygiéniques une carrière trop mouvementée pour leurs forces ou trop monotone pour leur spleen.

Dans certains milieux, plus saints physiquement, cet Amour-là naît à tous les coins des ateliers.

Les rencontres quotidiennes, aux mêmes places, en arrivant ou en partant, quelques mots lancés au vol, un bouquet d'un sou, un verre sur le zinc, enfin une bordée dominicale un lendemain de paie et c'est comme si M. le maire y avait passé.

Qu'il vienne un enfant, on le prend sans protester; sa venue resserre les liens déjà formés par l'habitude, et les amants continuent leur route côte à côte le long de la vie, quelquefois jusqu'au bout.

Sachez-le, vous qui méprisez si facilement ces faux ménages d'ouvriers, il y a là quelque chose d'autrement loyal que les malpropres compromissions des sphères plus intellectuelles, où l'Amour des amants n'emprunte qu'à l'adultère la saveur de ses baisers.

L'honnêteté du cœur, comme l'honnêté matérielle, est plus fréquente à présent dans les classes inférieures de la société que chez les dirigeants.

On salit l'Amour, comme on salit tout le reste, tout ce qui avait subsisté jusqu'ici de respectable, de reposant, de poétique.

Qu'il est rare, dans notre société moderne, le véritable Amour des amants, vibrant de jeunesse, de gaieté, de franchise, celui que chantait Béranger, que célébrait Murger.

Il a disparu dans l'oubli, comme le poète et comme l'écrivain, et, hypocrisie ironique, ce sont ceux-là mêmes qui ont tué l'Amour qui dressent aujourd'hui des statues aux deux derniers défenseurs de l'Amour pour l'Amour.

XII

L'AMOUR CONJUGAL

L'Amour conjugal est le seul qu'admettent les lois divines et morales.

C'est le seul qui garantisse l'accomplissement parfait de la destinée terrestre, en assurant à l'enfant la protection de la Famille d'abord, de la Société ensuite.

Au point de vue moins élevé de la satisfaction des sens, c'est en outre le plus complet, le plus sûr, le plus durable.

L'Amour conjugal, en effet, est d'abord un Amour d'élection.

Il choisit librement, en dehors des éléments parfois dangereux de la passion, le moment où il veut se manifester.

L'harmonie ne cesse pas pour cela de régner entre les facultés de l'âme et les facultés du corps.

Bien plus, c'est un Amour de sélection.

Dans la catégorie déjà nettement déterminée par ses aspirations propres, comme par les convenances extérieures, il concentre tout particulièrement sur un objet unique, à l'exception de tous les autres, ses trésors de tendresse présente et ses espérances sans bornes dans l'avenir.

La femme qui sera l'épouse remplace tout désormais : parents, amis, la mère même, cet être bien-aimé vers qui s'en allaient jusque-là nos plus douces caresses d'enfant, nos plus ferventes vénérations d'homme fait.

La famille s'efface, s'amoindrit, comme en un lointain souvenir. Elle n'est déjà plus que le passé, avec qui on ne vivra plus que par les relations accidentelles, imposées par les conventions.

Devant l'élue, pour elle et par elle, l'homme va subir une transformation absolue, devenir un homme nouveau, dont l'âme, l'esprit, le corps, se referont une virginité pour reprendre à nouveau une vie nouvelle d'extases célestes, de transports ineffables, de délicatesses sublimes, d'attentions infinies.

A elle tous les battements du cœur, toutes les nobles aspirations, les conceptions les plus géniales de l'esprit ; à elle nos plus intimes pensées, nos plus délicieuses rêveries, notre soif la plus ardente de sacrifice et de dévouement.

Mystérieuse et adorable incarnation de son

être en notre être, nous sentirons que c'est son souffle qui nous anime, sa volonté qui nous dirige, son sang même qui vivifie nos artères.

Elle sera en nous comme nous serons en elle, ce sera l'autre partie de nous-même, la meilleure !

Pourquoi faut-il que la banalité de l'usage ait profané ce mot de *moitié*, si vrai, si grand, si beau, expression parfaite et absolue de l'idée la plus profonde et la plus enivrante qui soit !

Ah ! s'aimer, se le prouver, se le dire, voilà le seul talisman du bonheur ici-bas.

Avec lui nous serons toujours forts pour braver la fortune adverse, toujours bons dans les jours meilleurs, parce que d'un tel amour rayonnent, comme d'un merveilleux foyer, toutes les beautés, toutes les vertus, tous les héroïsmes, c'est le divin reflet d'en haut !...

Et quelle fierté pour l'époux, quand c'est lui qui a dû faire l'éducation d'un cœur ignorant tout, s'ignorant presque lui-même ; quand c'est lui qui a dû chercher, dans son culte pour l'aimée, les délicates précautions nécessaires aux initiations insoupçonnées !

Comme les moindres détails de l'existence matérielle se rehaussent au contact de cette immatérielle communion d'âmes, comme ils s'érigent en précieux souvenirs qu'on évoquera plus tard, ensemble, aux heures d'intimes causeries !

Sur la communauté d'intérêts qui s'appelle la maison, viendra se greffer la communauté d'affections qui s'appelle la famille.

Entre ces deux êtres si étroitement unis il faut maintement pour l'enfant une petite place, bien petite, mais où se concentreront pourtant désormais toutes leurs tendresses, toutes leurs joies, toutes leurs inquiétudes, toutes leurs espérances.

Il est venu, cet enfant, cette chair de leur chair où sommeille encore l'étincelle de l'audelà! sœur de celle qui les anime eux-mêmes et qu'ils verront s'aviver chaque jour.

O la touchante et merveilleuse chose que l'éveil progressif de cette intelligence, dont la première manifestation, le premier cri, sera pour la mère transportée comme un remerciement, une excuse des souffrances que causa son entrée dans la vie.

Et lui, l'époux, quelle ivresse après quelles angoisses!

Créer! se reproduire en un autre! être père!
Se reposer le soir auprès de son foyer,
Et, plein d'extase, plein d'amour et de lumière
Contempler un bébé qui dort sur l'oreiller!
Entendre, quand l'enfant commence à sommeiller
Les doux susurrements que fredonne sa mère,
Lire, parler tout bas, méditer, travailler,
Ne plus vivre pour soi, n'être plus seul sur terre!

Oui, certes, c'est pour lui qu'on vivra dès

lors, pour mieux dorer son avenir lointain qui viendra si vite.

Que de brillants projets, d'ingénieuses combinaisons !

On songe à tout, mais on ne s'aperçoit pas que l'enfant grandit, que le voilà, adolescent, jeune homme enfin.

Et dans son cœur, comme dans le nôtre autrefois, l'Amour des parents fait place à cet autre Amour que nous connaissons bien, mais que nous ne reprocherons pas à l'ingrat parce que c'est encore une bien douce chose que l'Amour même pour de vieux époux.

Qu'importent les rides sur l'adoré visage ! elles n'y laisseront jamais autant de traces que nos lèvres y ont posé de baisers.

Quand nos cheveux s'argenteront, les enfants de nos enfants seront là qui égayeront notre déclin de leur aurore.

Pour les têtes blondes, les vieillards retrouvent toujours des trésors de tendresse. Ne sont-ils pas plus près du ciel, où règne l'éternel et idéal Amour ?

Oh ! plaignons les infortunés ou les fous, qui par leur faute passent à côté d'un tel Amour !

Et combien en est-il, hélas ! d'époux mal assortis, victimes d'un mariage contracté sans tendresse !

Que peut devenir l'existence de deux êtres indissolublement rivés à la même chaîne, pour lesquels tout ce qui devrait être joie devient supplice, toutes les tendresses se changent en rancunes!

Qu'ils reprennent à l'amiable leur indépendance, sans rupture et sans scandale; le moindre danger qu'ils courent est de verser, invalides du sentiment, dans la première ornière qui se rencontrera sur leur chemin!

S'ils rompent ouvertement, grâce aux facilités nouvelles que leur en donnent les lois, ils recommenceront peut-être la tentative, mais avec quelles secrètes appréhensions!

La première désillusion laisse au cœur une blessure trop cuisante, pour qu'une félicité ultérieure la puisse entièrement cicatriser; le doute empoisonnera toutes les jouissances et persistera quand même.

Mais combien de fois aussi ces unions malheureuses sont dues à des parents coupables. Coupables d'insouciance, d'égoïsme ou d'amour-propre inconscient?

De quelle déplorable façon se font aujourd'hui les mariages! On reste fiancés à peine quinze jours et par surcroît, avant de se fiancer, les futurs époux sont, dans la plupart des cas, absolument des inconnus l'un pour l'autre.

Les familles ont pu chercher, trouver même les plus heureuses garanties; elles n'auront le plus souvent songé pour charger les plateaux de la balance qu'à faire le poids avec des sacs d'écus.

L'argent, l'argent toujours ! C'est lui qui remplace tout : cœur, esprit, beauté, réputation : et l'on s'étonne ensuite, quand par suite de circonstances, imprévues, il a disparu, qu'il ne reste rien après lui.

C'est bien fait, puisque, maintenant, on ne marie plus sa fille, on la vend !

XIII

COMMENT ON DEVIENT FIANCÉS

Fiancés ! encore un mot qui a singulièrement changé de signification !

Jadis, au bon vieux temps de nos arrière-grand'mères, les fiançailles étaient une véritable cérémonie préparatoire, une grande fête pour la famille au complet ; on convoquait le ban et l'arrière ban des amis, les voisins, les connaissances.

Les jeunes gens, eux, se fréquentaient depuis l'enfance ; ensemble ils avaient couru par le bois, déniché les nids, ils avaient grandi côte à côte, et dans leur esprit n'était même jamais venue l'idée qu'ils pourraient n'être pas un jour mari et femme pour de bon, comme ils l'avaient été si souvent pour rire dans leurs jeux d'autrefois.

La chose était si bien arrêtée, convenue, que les fiançailles se faisaient des mois, des années avant le mariage, sans risquer de lasser une patience solidement établie déjà par l'habitude.

Lui s'en allait, comme nous le disent ces vieilles chansons si touchantes et si jolies parce qu'elles sont vécues, pour faire son tour de France et développer, en voyant du pays, ses talents d'ouvrier; ou il partait pour « l'armée de la guerre », et dans ce temps-là c'était le plein tarif de sept années bien comptées.

Il y avait bien de quoi contracter la nostalgie de la terre natale; mais jamais, aux heures même des plus sombres désespérances, ne surgissait le soupçon d'être oublié ou trahi!

La fiancée l'attendait, là-bas au village, patiente et résignée, s'étudiant à devenir une bonne et vaillante ménagère pour lui rendre en soins dévoués et en bonheur, quand il reviendrait, tout ce qu'il avait souffert loin d'elle.

Chacun du reste savait qu'ils étaient promis et nul n'aurait songé à se poser en rival.

Elles étaient solides et heureuses, les unions ainsi contractées, défiant toute surprise et toute déception.

Quelques contrées ont conservé presque intacte cette vieille et touchante coutume.

Mais, aujourd'hui, les mœurs s'américanisent, il faut aller vite : « Time is money », le temps c'est de l'argent, et le plus souvent les fiançailles se bornent à un acquiescement fort peu solennel des parents, scellé par le don du jeune homme à la jeune fille, d'une bague plus ou moins riche, selon la position financière en perspective, bien plus que selon la tendresse réciproque des futurs.

On ne devient pas fiancés de la même façon dans toutes les classes de la société, et, juste retour des choses d'ici-bas, ce n'est pas aux plus humbles qu'échoit ici la plus mauvaise part.

Voyez les ouvriers, dont nous avons parlé déjà; les mêmes circonstances qui les font amants, les font fiancés.

Après une rude journée de labeur, quand on souffle au grand air avec l'intime jouissance de l'indépendance recouvrée jusqu'au lendemain, on trouve un beau jour que le plaisir serait bien plus complet si on avait un chez soi où vous attendent une gentille petite *bourgeoise*, la table mise, le foyer enfin, tout tiède et tout berceur.

Le choix n'est ni long, ni difficile.

Il n'en manque pas, dans les ateliers, d'honnêtes filles qui se sont fait de leur côté les mêmes réflexions.

Après quelques économies laborieusement amassées sur la paye, on achète un mince anneau bien simple, qu'on donne, dans un élan de courage et en rougissant très fort, à celle que l'on a depuis longtemps remarquée pour sa mine accorte et proprette, son air sage et ses grands yeux.

Les parents, les vieux, on ne leur raconte la

chose que quand elle est faite ; ils n'en sont pas jaloux, les braves gens.

Les enfants se plaisent, c'est tout ce qu'ils demandent, et ce ne sont pas les questions de dot et de contrat qui soulèveront des difficultés.

Il en faut pourtant de ce maudit argent quand ce ne serait, comme dans le refrain de l'Auvergnat, que :

Chinq chous, chinq chous, pour monter notre ménage.

Eh bien ! on attendra qu'il y en ait quelques-uns dans la tirelire, puisqu'on est fiancés, on est toujours sûr d'arriver ensemble ! un peu plus tôt ou un plus tard, la belle affaire !

Mais l'existence est déjà plus douce aux pauvres amoureux.

Le dimanche, par un clair de soleil, on s'envole en un coin de campagne quelconque, pourvu qu'il y ait de l'herbe pour s'étendre et des fleurs à glaner.

Et chacune de ces chères étapes enrichit d'un souvenir le trésor où l'on s'attendrira à fouiller plus tard.

Ils s'aimeront ceux-là, et s'ils ignorent les jouissances de la fortune, ils goûteront ensemble des joies plus pures et moins dispendieuses.

Tels ils s'étaient jugés au premier jour, tels ils se retrouveront jusqu'à la fin : qualités et défauts ont été loyalement mis en commun comme tout le reste !

La bourgeoisie procède plus solennellement à l'établissement de ses demoiselles.

Ce sont d'abord les familles qui interviennent : les parents ont sondé la place prudemment, méthodiquement, une fausse manœuvre serait, grand Dieu ! si compromettante ! et d'ailleurs l'affaire a été indiquée par un ami sérieux, un homme sûr.

Si la piste est reconnue bonne, il est temps de combiner la première rencontre.

A l'église, au théâtre, dans un magasin à la mode, le plus grand des hasards met les deux partis en présence ; on échange quelques vagues banalités, et dès la rentrée dans les domiciles respectifs :

— Elle est réellement bien comme il faut la petite X...

— Il a l'air d'un bien bon jeune homme, le petit Y...

On varie pendant une quinzaine le terrain des escarmouches, toute la théorie des oncles et tantes vient à la rescousse, à grands renforts de bals, dîners, soirées, five o'clock. Les deux sujets finissent par obéir presque inconsciemment aux efforts répétés qui les poussent l'un vers l'autre et découvrent un beau soir qu'ils ne se détestent pas.

C'est alors le dîner, le dîner officiel avec l'étalage complet de tout ce qui peut achever d'éblouir la partie adverse, car c'est presque une lutte qui s'est engagée.

Et au champagne, dans un accès d'attendrissement, l'heureux père, la bonne mère proclament la grande nouvelle !

Six mois après, madame pleure et cherche des consolations ; monsieur a des maîtresses... et des protubérances sous son chapeau.

Dans le monde les occasions courantes offrent aux familles des occasions beaucoup plus fréquentes de se rencontrer.

Les fêtes de la *season*, les déplacements de château à château, où l'on se retrouve sans cesse dans un cercle restreint, choisi, fermé, permettent aux jeunes gens de s'étudier sur le vif et de mieux se connaître.

Dans ce milieu favorisé, où la question de fortune est le plus souvent secondaire, le mariage d'inclination n'est pas aussi rare que dans les autres classes de la société.

Les ménages désunis ou simplement indifférents devraient donc être l'exception.

Cela n'est pas et la faute en est à l'éducation même de la jeune fille. Adulée, flattée, gâtée, partout où elle passe, elle n'aura, pour étayer son amour, d'autre sentiment que la vanité.

Cette atmosphère de plaisirs sans cesse renouvelés, les contacts permanents avec des hommes d'esprit facile, l'extrême liberté laissée par les mœurs, créent autour de la jeune fille, dans la haute société, quantité de dangers spéciaux dont sa candeur, sa virginité morale et intellectuelle se trouvent fatalement ternies.

L'apparat de l'existence, toute en dehors et combinée pour la représentation, enlève au foyer domestique tout caractère d'intimité.

A table, au salon, dans l'alcôve même, pas de conversation, pas d'épanchement possible ; les gestes, les paroles, les intonations, les attitudes scrupuleusement épiés et recueillis s'en vont alimenter les potins de l'office.

Quand viennent les enfants, la mère s'en occupe dans les premiers temps, parce que l'on est fière de cette petite poupée rose perdue dans ses dentelles et que les amies en visite se passent de main en main avec des cris d'admiration.

Mais la crise de dévouement maternel est courte : le monde est là qui réclame sa proie, dîners, soirées, théâtre reprennent leur roulement ordinaire : on ne les a délaissés en somme que pendant le délai juste nécessaire pour ne pas se déformer la taille.

Ainsi comprise, la vie conjugale suit un cours régulier, correct, mais froid et vide, laissant le cœur exposé à tous les hasards, à toutes les surprises de la nature.

Le mariage d'intérêt, infiniment plus scabreux parce que l'affection, absente au début, a moins

COMMENT ON DEVIENT FIANCÉS

de chances encore de se manifester dans la suite, serait plus justement dénommé mariage d'affaires.

Nombreuses, hélas ! sont les familles dont le grand nom cache une maigre et insuffisante fortune.

Même au prix d'une mésalliance, il faut alors établir le jeune homme ou la jeune fille.

Le premier parti qui se présentera, pourvu qu'il soit bien doté, sera le bon.

Si les époux sont à peu près assortis comme âge, si la femme surtout avec le tact et l'adresse inhérents à son sexe, sait prendre possession dès les premiers temps et convaincre son mari que les seules rentes ne font pas le bonheur, il n'y aura que demi-mal.

Mais si l'ironie du sort jette une jeune fille, avec tous les trésors de sa beauté et de sa jeunesse dans les bras d'un barbon défraîchi, la catastrophe est imminente, inéluctable. N'est-ce pas de ces vieux fous qu'on a dit avec tant de malice qu'à leur âge, on n'est toujours sûr d'avoir des enfants !

Le mariage d'intérêt est donc le plus à redouter.

Il est immoral et contre nature.

Ce n'est à tout prendre qu'un marché, et vendre l'amour est une profanation qui non seulement porte sa peine en elle-même, mais soulève encore un unanime dégoût.

Le mariage de raison, sans descendre au même mercantilisme, laisse encore une trop large place au triste calcul de l'intérêt.

Une occasion inespérée fait négliger tout le reste; de l'Amour il n'est même pas question.

Quand un commerçant trouve à se débarrasser d'un objet de placement difficile, il se montre plus accommodant et le laisse à n'importe quel prix.

Tel est le cas de la pauvre fille laide ou du jeune homme déjà vanné. Quelquefois cependant, ces sortes d'union ne se présentent pas sous des couleurs si noires, et sans aller jusqu'à la répulsion, les sentiments des futurs époux se bornent à l'indifférence.

XIV

MARIAGE SANS AMOUR

Oh ! le mariage sans Amour, crime social chaque jour plus répandu, intarissable source de calamités et de hontes !

A quelle aberration obéissent donc les malheureux parents d'aujourd'hui qui, par égoïsme bête, par amour-propre faux, marient leurs enfants, comme on accouplerait des animaux domestiques, sans prendre même autant de précautions ?

Les voilà, les vrais coupables, les semeurs de misères, les fournisseurs de scandales !

Contre cette erreur des familles que peuvent les pauvres enfants sans expérience et sans volonté ? Ils croient naïvement tout ce qu'on leur dit, acceptent sans contrôle toutes les espérances qu'on fait miroiter à leurs yeux.

Souvent, faut-il l'avouer ! Ils ne voient dans le mariage qu'une porte ouverte sur l'indépendance, que l'abandon d'un foyer paternel, parfois tourmenté par les pires orages.

« L'Amour viendra ! » voilà l'excuse ordinaire.

Ces aveugles veulent faire éclore la fleur céleste, idéale et délicate entre toutes, au milieu de l'aridité des cœurs, sous prétexte qu'on peut faire jaillir l'étincelle d'un caillou de grand chemin.

N'entendons-nous pas journellement ces sinistres farceurs déclarer d'un air convaincu que les mariages d'amour tournent toujours mal parce que la flamme, trop ardente au début, ne laisse bientôt plus que des cendres et qu'il vaut mieux petit feu qui dure.

Le mariage sans amour est une monstruosité qui ravale l'homme au-dessous de la brute.

L'animal du moins, en obéissant aux lois de nature, remplit simplement sa destinée et ne saurait rien y mettre de plus, mais l'homme qui épouse sans Amour viole l'instinct même qui veut que la femme appartienne à celui-là seul qui possède son cœur et lui donne le sien en échange.

Il ne faut pas songer à voir naître l'Amour dans des unions ainsi conçues :

On n'intervertit pas l'ordre naturel des choses; le sentiment vient trop tard, quand il vient après, au lieu de venir avant.

Et d'ailleurs, par une juste révolte de la nature même dont on a méconnu les lois, ce sentiment, loin de pouvoir se commander, s'enfuit d'autant plus vite qu'on le poursuit davantage.

Entre les époux qui ne s'aiment pas et ceux qui se haïssent, la différence est mince et disparaît rapidement.

Le mariage devient alors une chaîne dont les meurtrissures s'accentuent chaque jour.

Qu'on ne vienne pas objecter qu'en certains pays, sous certaines latitudes, les mariages sans l'amour sont les plus fréquents.

Qu'on ne cite pas les harems d'Orient, les mœurs des Mormons et surtout ces derniers qui ont eu à une certaine époque, en Europe même, de véhéments protagonistes.

Non, car les Mormons, cette curieuse organisation sociale qui avait basé son système civil et religieux sur la polygamie, renoncent à la pluralité des femmes et s'en reviennent aux doctrines monogames des pays civilisés.

Ce n'est pas ici le lieu d'étudier ce culte bâtard qui voulut réédifier les mœurs des patriarches d'Israël.

Les croyances plus ou moins sincères de la « cité des saints » dissimulaient mal un but de sensualité, un appétit de débauches brutales.

Malgré l'emphase de leurs déclaratious hypocrites, les *saints* méritèrent le mépris et l'abomination de leurs concitoyens des Etats-Unis.

Nombre de fois, le congrès de Washington

eut à se prononcer sur des mesures qui ne tendaient rien moins qu'à imposer, par la force, des mœurs moins hétéroclites à ces enragés polygames.

Les législateurs américains se bornèrent à stigmatiser, comme il convient, cette organisation immorale, donnant ainsi à l'Ancien Monde un exemple de tolérance civil et religieux.

Si les Mormons viennent à résipiscence, il ne faut pas attribuer leur nouvelle résolution à des scrupules honorables, mais à ce simple fait : « à la difficulté de recruter le personnel de leurs harems. »

En plein Orient, là où l'homme égoïste ne voit dans la femme qu'un être exclusivement dévolu aux plaisirs de la chair, il prend un soin jaloux d'atrophier les sens intellectuels de ses esclaves.

L'enfant élevé dans la lourde atmosphère du harem ne sait rien de la vie.

A peine si la religion l'élève au-dessus de l'animal ; tout d'abord elle ne lui reconnaît pas d'âme.

C'est un être inconscient, mû par des organes, soumis à des influences physiologiques, incapable de raisonnement, donné de son libre arbitre.

Si la nature éveille en son esprit l'écho affaibli des droits de la femme, de l'égalité absolue des deux sexes, ces sentiments ne sauraient se développer, car ils sont refoulés avec une brutalité qui ne recule devant rien.

La femme en ces pays n'est qu'un gracieux bétail, instruite uniquement d'arts de la parure, propre à réveiller les appétits blasés de son seigneur et maître, sans compter d'autres enseignements puisés dans les arts secrets de la débauche la plus immonde.

La femme s'abêtit dans sa cage dorée ; ce n'est plus qu'un jouet aux mains du tyran.

Et cependant il se produit des révoltes ; l'esclave passive ne se résigne pas toujours à son rôle de mécanique animée.

Guidée par un instinct supérieur, elle prend en horreur l'homme qui l'opprime, qui la condamne à l'emprisonnement perpétuel du cœur et du corps.

Elle veut une vengeance ; elle la cherche dans l'adultère.

Alors, derrière ces murailles sourdes, d'affreux drames se déroulent.

L'homme, geôlier implacable, devient un bourreau féroce, et l'odeur affadie du sang se mêle aux effluves des parfums aphrodisiaques.

L'orgueil bestial de l'homme cherche un argument suprême dans la force.

Les Mormons ne possédaient pas des traditions si ancrées dans les mœurs que celles des peuples orientaux : ils avaient à compter avec la surveillance indignée de leurs concitoyens, qui n'auraient pas souffert une tyrannie par trop abusive.

Les femmes qui faisaient l'ornement des sérails mormons étaient réputées avoir accepté de plein gré leur situation.

Or, c'est à ce point de vue que l'affaire devenait singulièrement délicate.

Où rencontrer des épouses assez docile pour consentir à une promiscuité déshonorante ?

Les filles de la libre Amérique se prêtaient mal à ce trafic.

Les Mormons s'adressaient à ces races prolifiques qui essaiment au travers du monde ; ils épousaient des Irlandaises ou des Allemandes. Les premières en proie à la misère, chassées du sol natal par la cruauté britannique ; les secondes non moins dénuées et refoulées loin de leur patrie par l'âpreté des grands propriétaires.

Des cargaisons de cette marchandise humaine venaient s'échouer dans la cité des saints, et les malheureuses, en échange du pain quotidien, vendaient leur chair et leur dignité d'être humain.

On ne cite pas de Française qui ait daigné convoler en ces noces bizarres.

L'institution mormonne n'eût pas tenu longtemps contre l'invasion de quelques-unes de nos compatriotes qui n'auraient pas tardé à lever l'étendard des revendications féminines.

C'est là que MM. les Mormons eussent cessé de rire !

Tout est bien qui finit bien, et si cette tâche qui déshonore la libre Amérique vient à disparaître, ce sera une juste réparation accordée à la conscience humaine, car la polygamie est l'institution la plus honteuse, la plus inique que l'homme ait pu imposer à la femme.

C'est en vain que des complaisants interprètes ont voulu maintes et maintes fois expliquer et justifier cette infamie.

On n'explique, on ne justifie pas mieux la polygamie qu'on n'explique, qu'on ne justifie l'esclavage. Les deux se tiennent.

Ce sont les fruits du despotisme vil et bas de l'homme.

Les deux sexes sont égaux en droits et en devoirs.

Soutenir le contraire, c'est soutenir un sophisme.

On prétend que la femme est inférieure à l'homme parce que celui-ci est doué d'une force physique supérieure.

Du côté de la barbe la toute-puissance !

Autant avouer franchement que la force prime le droit.

C'est la morale des bêtes de rapine, des carnassiers et des conquérants.

La femme est l'égale absolue de l'homme par l'intelligence.

La faiblesse physique n'est pour elle qu'une cause de douleurs.

Dans la perpétuation de l'humanité, elle a le rôle le plus vénérable.

Elle sort de la terrible épreuve de la maternité, meurtrie et sanglante ; elle achète son titre de mère par un supplice épouvantable.

Elle a passé par d'effroyables épreuves là où l'homme ne cherche qu'un plaisir.

La polygamie est d'autant infâme qu'elle tue l'amour, et l'humanité ne peut exister sans l'amour. Non pas une humanité cruelle comme la nôtre, fondée sur l'injustice, l'oppression, l'immolation des faibles sacrifiés aux puissants ; mais une humanité radieuse qui consacrera le règne des faibles, des petits et des humbles, et qui reconnaîtra, comme premier article de foi, l'association loyale de la femme et de l'homme, fondée sur l'égalité absolue des deux sexes.

L'Amour, but suprême de ce monde, ne peut exister qu'entre deux êtres armés des mêmes garanties.

Lorsqu'un troisième apparaît, l'Amour est mort.

Il ne s'agit pas de cet Amour charnel qui n'est que la brutalité des sens, l'échange de deux fantaisies, le contact de deux épidermes, ainsi que disait le sceptique Chamfort ; mais de l'Amour qui se compose d'une étroite alliance de deux volontés, de l'abnégation de deux cœurs, du double souci d'être le tout et l'unique, l'un pour l'autre, l'un à l'autre.

Elle est bien loin encore cette époque bénie, malgré la pompe de notre civilisation, en dépit des allégations fastueuses des rhéteurs !

La polygamie existe dans nos pays, au sein de nos capitales, au milieu de nos campagnes.

C'est une polygamie inavouée et hypocrite, plus odieuse peut-être que celle qui sévit sur l'Orient.

Là, du moins, si la femme est esclave, au moins, en échange, possède-t-elle quelques garanties.

Tandis que chez nous, demandez à l'usinier, au chef d'atelier, s'il daigne accorder quelques droits à la misérable dont il exige les faveurs sous l'intimidation la plus lâche, celle du retrait de travail, c'est-à-dire la mort par la faim.

Parlons-en de notre code, de notre organisation judiciaire !

La femme possède l'égalité civile devant l'impôt, mais là se borne l'égalité.

Là où nos lois sont muettes, l'oppression et la jalousie de l'homme aggrave une situation déjà difficile.

Demandez-le à ces femmes qui, se sentant une force de volonté, un cerveau assez bien organisé, pour aborder les hautes études, où soit dit entre parenthèses elles réussissent aussi bien que l'homme, demandez-leur quelles sourdes hostilités, quelles coalitions masculines elles doivent surmonter.

L'homme, avouons-le à sa honte, a semblé avoir calculé tous les moyens de plonger la femme dans une misère intellectuelle et physique ; de cette façon, il conserve à ses plaisirs un immense sérail où il choisit à loisir.

Il se fait un jeu, un plaisir d'abuser l'innocence, la naïveté.

Il épiera ces heures troublées où la nature parle, où l'amour se réveille.

D'une voix caressante, il promettra, il jurera, alors que, dans son cœur, la fourberie veille.

Il se complaît à l'avance dans les larmes, les douleurs que son abandon causera.

Que lui importe : il en trompera une autre, puis une autre, et encore une autre...

Quel est le héros que la Poésie s'est complu à parer de toutes les grâces ?

C'est don Juen, le misérable grand seigneur, vêtu de soie et de velours, qui promène ses désirs et ses ardeurs de satyre dans tous les pays.

Tout lui est bon : la grande dame et la pauvre fille, la courtisane et la nonne consacrée aux autels.

Il passe triomphant, laissant derrière lui un écho de baisers et de sanglots.

Sur un refrain de contredanse, il brise les cœurs, les existences.

Le suicide et l'infanticide l'accompagnent.

Il ne rit que plus fort, bravant tout...

Mais que brave-t-il au juste ? Quelques maris et quelques époux furieux,

La belle affaire !

C'est un duelliste habile. Tant pis pour vous, pères grondeurs, maris grincheux ; que ne gardiez-vous mieux vos filles et vos femmes !

Des applaudissements des hommes saluent don Juan le Victorieux. Il a l'opinion publique pour lui.

On ne s'inquiète pas si le talon éperonné de ses bottes est souillé de taches de sang.

Pour les victimes, des risées !...

Cachez-vous, filles qui avez livré votre virginité, ce précieux trésor que rien ne vous rendra. Les railleries vous frapperont en pleine chair. Mais ce n'est rien la raillerie ; le mépris vous clouera au pilori.

En vain alléguerez-vous, pour votre défense, les serments sacrés du séducteur.

Lui on l'adulera, tandis que vous soupirez à outrance.

Non, ce n'est pas l'Amour, ne déshonorez pas ce nom. D'ailleurs, un homme ne peut aimer deux femmes, je ne dirai pas à la fois, mais dans le courant de son existence entière.

On n'aime réellement qu'une fois, on n'aime qu'une femme !

De même la femme ne conservera toute la vie que le souvenir d'un homme, d'un seul.

Le reste n'est que déception ou libertinage.

L'Amour, le vrai, vous tient tout entier, sans réserve, sans partage.

C'est une obsession de toute seconde.

Tous les actes de la vie, comme toutes les pensées se rapportent à un seul but, rien n'existe plus, que la personne aimée.

Il n'y a plus d'autre bonhenr, que son sourire!

Le soleil ne brûle point si elle est triste!

Les oiseaux n'ont plus de chansons si ses lèvres se taisent!

Le ciel a perdu sa voûte azurée, si elle ne se reflète pas dans ses yeux!

Les fleurs n'osent plus entr'ouvrir leurs corolles en son absence!

Aucune harmonie n'est plus suave que sa voix!

Le Zéphyr est moins parfumé que son haleine!

Toutes les chimères des hommes, l'ambition, le pouvoir, la richesse ne sont rien devant cette question : « M'aime-t-elle? »

Si elle répond affirmativement, les rois sont moins puissants, les despotes moins obéis, les financiers moins riches que l'amant aimé.

Son ivresse est si grande, que nulle parole humaine ne peut l'exprimer.

Celui-là est heureux, il a vécu.

Il peut attendre la froide mort, il aura eu sa part de bonheur dans ce monde.

Mais l'Amour n'existe qu'autant qu'il est unique.

Deux objets appellent la comparaison, et qui compare abaisse.

Non, l'Amour, c'est-à-dire le bonheur n'existe que de un à un.

Qu'importe la beauté de ta maîtresse, ô jeune homme sincèrement épris !

A tes yeux, elle dépasse en splendeur les beautés les plus renommées.

Ton amour la pare des charmes les plus exquis ; il donne de l'éclat à son regard, de la souplesse à sa taille, du fard à son teint.

Il peint la nuance délicate de ses cheveux ; il affine ses membres élégants ; il allonge l'arc de sourcils ; il nacre les lobes de ses oreilles ; il arrondit la ligne de ses épaules, il satine sa peau si fine et si blanche.

On n'est heureux que dans le rêve, or l'Amour est le beau des rêves, mais on ne le connaît qu'une fois, une seule l'inspire, ce songe adorable...

Sages et heureux ceux qui le prolongent dans la fidélité, car le réveil est souvent pénible, on en compte tant qui, ne pouvant supporter cette terrible déception, se rendormirent dans la mort.

XV

VÉRITABLE ET FAUX AMOUR CONJUGAL

Peut-il y avoir un véritable et un faux Amour conjugal ?

En principe, un sentiment aussi nettement caractérisé ne semble pas pouvoir comporter de moyen terme, et l'on serait tenté de répondre : l'Amour conjugal est, ou il n'est pas.

Eh bien ! non ! un mari peut, de très bonne foi, adorer sa femme, mais l'adorer mal.

L'éducation que la plupart des maris donnent aujourd'hui à leur femme est un spectacle que toutes les mères devraient avoir sous les yeux.

Cette jeune fille sans expérience, presque sans idées, que vous livrez à un homme qu'elle connaît à peine, si elle est jolie, passe en quelques heures de la soumission à la souveraineté, du calme de l'âme au délire des sens.

Son mari s'enivre de ses caresses, il est jaloux, et le voilà qui travaille de gaieté de cœur, dès la première minute, à détruire lui-même son bonheur.

Il cherche parfois à détacher brutalement sa femme de ses affections filiales.

Il l'isole du monde où elle a vécu jusque-là, sans se douter du mal qu'il se fait à lui-même.

Son amour l'enivre, trouble sa raison et ne se manifeste que par des extravagances.

Oh ! il est prêt à se ruiner pour elle, à lui donner sa vie et son honneur !

Ce n'est pas une compagne, c'est une idole, une maîtresse qu'on couvre de bijoux, qu'on adore.

Mais aussi combien vite arrive la satiété, suivie de près par l'indifférence.

La jeune femme incapable de distinguer ce qu'il y a d'humiliant dans ses passions brutales, sourit de son triomphe.

Elle est heureuse de cet amour qu'elle croit sincère, profond, durable et qui va lui échapper.

Puis le mari, sous prétexte d'éducation, d'initiation, ouvre à la jeune femme des horizons inconnus.

Il empreint cette âme si pure de mille honteuses images : il lui montre partout le vice aimable, les bals, les spectacles, les soirées dans des lieux de plaisirs à la mode.

D'abord, la jeune femme rougit de ces révélations ; mais sa curiosité s'éveille, les récits sont piquants et spirituels, on leur donne un tour original, on les émaille de sous-entendus risqués.

Elle s'en amuse aujourd'hui, demain elle voudra s'assurer par elle-même de la vérité.

Au milieu de cette vie de dissipation et de caprice, l'esprit s'aiguise, mais l'âme disparaît.

Hélas ! de cette jeune fille innocente, il ne reste plus rien qu'une femme légère, courant de visite en visite, du couturier chez la modiste.

La musique et la danse déjà lui tiennent lieu de pensée ; puis viennent les spectacles et la toilette,puis les caquets du monde,puis les vains désirs et les vains plaisirs, et au bout de cela, le vide, le vide le plus effrayant et le plus complet.

Ne dirait-on pas que l'intelligence ne lui fut réellement donnée que pour s'habiller, babiller et se déshabiller.

Mais nous approchons du dénouement, les premiers actes du drame sont joués, et toutes les scènes qui le composent vont se perdre dans la même catastrophe : aux soupirs de l'amour, succéderont bientôt les cris du désespoir.

La passion du mari est usée, les illusions de la femme s'évanouissent.

Cette femme dont il a fait une maîtresse, cette femme qu'il a flétrie, dépravée, idolâtrée, dont il adorait les caprices,dont il irritait les passions ; cette femme qu'il enivrait d'amour et de voluptés, il n'en veut plus ; il est blasé.

Hier encore il la couvrait de diamants, aujour-

LE VÉRITABLE AMOUR

6.

d'hui il se plaint de son désordre, il parle d'économie : ce n'est plus pour lui qu'une ménagère, une chambrière, un être propre à prendre les ordres du maître et à compter avec les domestiques.

Ah ! descendre du trône, être traitée comme une femme qu'on méprise, après avoir été traitée comme une maîtresse qu'on idolâtre !

Triste journée qui tôt ou tard se lève sur tous les ménages de ce genre, sans être jamais prévue.

Alors arrivent la haine, l'aigreur, la vengeance, le mépris, l'adultère, l'adultère qui entraîne après lui le scandale et le déshonneur !

On se sépare de son mari, on le trompe.

Le cœur a besoin d'Amour, la jeunesse veut ressaisir ses émotions perdues : on cherche cette moitié de soi-même qu'on a rêvée, et la dépravation, commencée par le mari, s'achève dans les bras d'un amant ?

Que dire, à présent du phénomène bizarre, mais si fréquent, qui fait qu'un mari qui adore absolument sa femme, qui admire et apprécie ses qualités morales, ses charmes physiques, son esprit, qui vénère en elle la mère de ses enfants, qui fait tout pour la rendre parfaitement heurebse et y réussit, en arrive cependant à la tromper avec la première drôlesse venue.

Pourra-t-on dire que cet homme n'aime pas sa femme.

Evidemment non.

Et lui-même, la sottise une fois faite, il sera le premier à sentir, au contraire, que cet amour s'accroît encore de ses remords sincères et de l'involontaire comparaison qui s'imposera à ses sens calmés.

La chair est faible sans doute, et l'homme bien trop indulgent aux fautes qu'elle lui fait commettre.

De cette défaillance d'un instant ne découle cependant pas l'irrémédiable déchéance.

C'est presque un cas d'infirmité physique et morale, qui s'explique mais ne s'excuse pas!

Ah! quelle science ne faudrait-il pas au mari! Quelle étude ne devrait-il pas faire, tout au début du mariage, de la compagne de sa vie!

En Amour, la femme est sentimentale ou sensuelle.

Mais, sous ces deux aspects, elle aime néanmoins.

Il ne faudrait donc pas conclure de ce qu'une femme reste d'un calme relatif, sous les baisers qu'elle ne sent pas, qu'elle n'aime pas.

Elle aime d'une façon qui lui est propre, avec son tempérament spécial.

Il est du devoir du mari d'apprécier ces nuances et d'agir en conséquence, ce qu'il ne sait pas faire trop souvent.

La femme sentimentale, vient-elle à être trompée, elle souffre certainement et elle souffre d'autant plus que sa douleur ne se manifeste pas d'une façon bruyante.

Elle n'a pas l'indignation violente.

C'est chez elle une sorte de prostration, un désespoir muet, une lente agonie.

Elle n'a pas vu, cette femme qui ne vivait que par l'âme, la possibilité d'une rivalité quelconque; elle n'arrive pas à la perception absolument nette de l'infidélité du mari, il lui semble presque impossible qu'une autre séduction que la sienne ait eu le pouvoir de lui enlever l'homme qu'elle aime et elle est bien plus malheureuse que la femme sensuelle, dans son cas.

Ah! celle-là, l'infidélité du mari la surprend moins. Vivant bien plus d'une façon physique que cérébrale, tout entière au désir charnel, sa jalousie native se corrige d'un palliatif.

Une intuition répondant à ce qu'elle ressent elle-même lui a montré le danger, elle l'a pour ainsi dire prévu, elle est prévenue, avertie par ses propres sensations, la surprise est moins vive et le coup moins rude.

XVI

MOYENS D'ASSURER ET D'ENTRENIR L'AMOUR CONJUGAL

Le véritable Amour conjugal, nous l'avons vu plus haut, plane au-dessus de ces misères.

Il ne connaît même pas la jalousie.

On dit, et c'est vrai, que la jalousie est la compagne inséparable d'un Amour vif et délicat.

Mais la jalousie ainsi comprise n'est pas celle qui torture l'âme et étouffe l'Amour.

C'est plutôt un excès d'Amour, un Amour quintessencié qui n'exclut pas l'estime par conséquent, et n'a rien d'injurieux.

On craint de perdre l'affection de ce qu'on aime parce qu'on en connaît le prix.

On craint de déplaire à l'objet aimé sans le soupçonner d'inconstance.

On craint son refroidissement, mais on est sûr de sa fidélité.

Cette tendre appréhension est un aiguillon efficace qui réveille l'Amour, le rend actif et prévenant : sans ce secours il languirait par son trop de sécurité.

L'Amour, enfin, et surtout l'Amour conjugal, se nourrit d'Amour.

Quand un cœur est devenu notre conquête par le lien sacré du mariage, nous avons le droit d'attendre du retour et de la constance.

Le devoir de s'aimer devient entre deux époux un devoir de religion, sous la clause cependant que l'Amour sera réciproque : car la religion elle-même ne commande rien d'impossible.

Pour vivre heureux sous le joug de l'hymen, ne vous y engagez pas sans aimer et sans être aimé.

Donnez du corps à cet Amour en le fondant sur la vertu. S'il n'avait d'autre objet que la beauté, la grâce et la jeunesse, aussi fragile que ces avantages passagers, il passerait comme eux : mais s'il est attaché aux qualités du cœur et de l'esprit, il est à l'épreuve du temps.

Pour avoir le droit d'exiger qu'on nous aime, travaillons à le mériter.

Soyons, après vingt ans, aussi attentifs à plaire. aussi soigneux à ne point offenser que s'il s'agissait, comme autrefois, de faire agréer notre Amour.

Il est plus difficile, partant plus méritoire, de conserver un cœur que de le conquérir !

Ah ! l'Amour conjugal ainsi compris n'est-il pas le bonheur le plus sûr qu'on puisse rencontrer ici-bas ?

Un bonheur fait de simplicité, de désirs humbles, de facilité d'humeur et d'esprit, un bonheur fait d'Amour jamais rassasié.

Quoi de plus charmant, de plus enviable que ce nid, doucement attiédi, où vous attend la jeune adorée, près du berceau, où s'endort l'enfant, gage de mutuels serments.

C'est la paix, le calme, le bain de recueillement, où l'homme rassasié de la lutte journalière se repose et prend de nouvelles forces pour affronter le lendemain la bataille de la vie.

C'est le port tranquille, que la tempête et l'ouragan ne sauraient atteindre.

Et tous deux, l'homme et la femme, vieillissent lentement, goûtant chaque jour la félicité d'être, l'un pour l'autre, l'unique but de l'existence.

Les enfants grandissent, dans ce milieu d'amour chaste, respectueux et aimants, et lorsque la vigueur de l'adolescence endurcira leurs membres, lorsque le flot de la puberté agitera leur sang de vagues tumultueuses, ils ne songeront pas aux délires des passions, aux folies des amours désordonnées.

Ils contempleront, dans une vénération profonde, les têtes blanchies de ceux qui, dès les premiers ans, les menèrent d'un pas tranquille, au prix de mille soins sans cesse renouvelés, jusqu'à ce moment splendide de la jeunesse, cette floraison de la plante humaine.

Il compteront ces jours de travail, ces nuits de veille, ces alarmes écartées, ces dangers surmontés.

Ils envieront cette vie, faite d'affection partagée, de devoirs accomplis.

Ils apprécieront le charme profond de cette paix du cœur, et leur seule ambition sera de partager à leur tour ce bonheur, qu'un terme ironique désigne ainsi « l'Amour pot-au-feu ».

Marmite de terre brunie, qui bouillonne au foyer domestique, symbole vulgaire et sacré.

Combien peu comprennent cependant la leçon pratique que répète ton bourdonnement monotone!...

Toutes et tous ne sont pas faits pour ces joies paisibles.

La continuité du bonheur engendre la satiété.

L'âme inassouvie a soif des voluptés ignorées.

Toujours le même amant! Toujours la même maîtresse! Le calme à perpétuité et dans le ciel serein, jamais le moindre nuage!

Les tempéraments placides s'accommodent de cette route unie, sans aspérités, sans obstacles.

Aux autres, il faut les chemins de traverse avec leurs hasards, leurs périls même, et parmi ces chemins de traverse, l'un des plus tentateurs, l'un des plus dangereux, c'est celui de l'adultère.

Foin du pot-au-feu trivial! Au diable le logis conjugal et son ennuyeuse atmosphère?

Pour un motif quelconque, supposons même que le mari soit le premier coupable, une femme veut se venger... Elle cherche un amant. Elle l'a bientôt trouvé...

Elle se sent maintenant tout heureuse! Sans prendre la peine d'analyser les causes réelles de la joie qu'elle éprouve, elle la constate, cela lui suffit; elle se félicite du résultat.

Enfin a cessé la monotonie désespérante de son existence! Et puis les rapports avec l'amant offrent une diversion si complète avec ceux du mari!

Inutile, sans se leurrer soi-même sur ses sensations, de chercher ailleurs la cause de ce contentement intime.

Ce n'est pas dans l'élan d'une passion furieuse, ce n'est pas par suite d'une inclination subite de l'âme que cette femme est heureuse de tromper son mari; non, mais elle a tout simplement saisi avec empressement l'occasion qui s'offrait à elle d'une distraction inattendue, d'un événement venant rompre le calme d'une vie qui lui devenait trop pesante dans sa régulière uniformité.

Ah! les caresses de l'amant, combien elles paraissent délicieuses, auprès des baisers froids et quasi officiels du mari!

Combien de femmes n'ont connu le véritable

amour que dans l'adultère parce qu'elles n'ont rencontré chez leur mari qu'un homme qui n'avait pas su les comprendre!

Quelle différence dans la façon d'agir de ces deux hommes : le mari et l'amant!

Pour le premier, souvent les rapports conjugaux ne vont qu'avec une sorte de solennité, un respect conventionnel qui glace et paralyse toute effusion : tandis que pour l'amant le respect n'existe pas, et logiquement il ne saurait exister là où est l'Amour, l'Amour vrai dans sa véritable conception.

Il est bien fade le baiser consacré par le maire, et bien fade l'embrassement légitime auprès des enlacements furieux de l'adultère!

Là, les dents mordent, les ongles griffent en pleine chair.

C'est le paroxysme de la volupté qu'aiguise l'appréhension du danger.

Un bruit a retenti, le plancher a craqué!... Et dans l'alcôve criminelle ils se dressent, les deux coupables, la sueur au front, l'angoisse au cœur!

La porte s'ouvrira-t-elle, livrant passage au justicier?

Tout à l'heure peut-être, une double détonation retentira sous ces draperies, et deux corps se rouleront dans les affres de l'agonie, succédant aux spasmes de la luxure.

Peut-être ce sera le couteau, l'homicide

acier, trouant ce corps plein de vie, ces attraits délicieux que l'amant baisait à pleine bouche!

Ils attendent anxieux, la fièvre les brûle et cependant leur mutuel contact les glace.

Mais non, ce n'est rien, l'heure de la vengeance n'a pas encore sonné.

Ils se reprennent alors dans un élan impétueux.

La terrible émotion a surexcité leurs envies. Jamais ils ne se sont plus aimés.

Ils se quittent pour se saisir de nouveau, jusqu'à ce que l'épuisement les plonge dans un sommeil plein de cauchemars affreux.

C'est une vie qui n'a rien de commun avec l'existence pot-au-feu.

Les minutes comptent pour des heures et ceux-là qui affrontent ces tortures et ces ivresses vivent en un jour plus que tant d'autres n'ont vécu dans une longue carrière.

Qu'importe la menace de cette mort toujours imminente! « Ceux-là sont aimés des dieux qui meurent jeunes », disaient les anciens.

N'est-ce pas une mort aussi, mais si lente et si triste que l'envolée de la jeunesse, la fuite des illusions qu'amène la succession des années qui s'écoulent?

La griffe du temps s'imprime sur ces charmes juvéniles; elle creuse des sillons dans les joues si fraîches; elle parchemine cette peau délicate; elle argente la chevelure et dépouille les tempes!

Plutôt périr tout entière, diront celles qui ont voué toute leur vie à l'Amour et qui sentent un feu irrésistible s'épancher en leurs veines.

Plutôt périr que de regretter plus tard, aux heures sombres de la vieillesse, ces belles années perdues pour l'Amour, ces beautés consacrées à l'égoïste bonheur d'un seul!

Pauvre mari! tu graviras le calvaire terrible; tu sentiras les morsures de l'atroce jalousie déchirer ton cœur et ton cerveau.

Tu hésiteras, tu douteras longtemps!

La cruelle persuasion s'implantera enfin dans ton esprit, devant mille preuves plus convaincantes les unes que les autres.

Alors le fatal instant de la décision suprême s'imposera.

Que faire? Pardonner ou punir...

Punir, frapper celle que l'on aima.

Quelle terrible courage!

Pour l'honneur de l'humanité, croyons que ceux-là qui s'érigent en bourreau, agissent, affolés, la conscience perdue, comme de véritables déments.

Espérons aussi que la loi, plus juste, supprimera un jour cet odieux privilège, dévolu à l'homme seul, d'être le juge et l'exécuteur dans sa propre cause, alors que le criminel le plus endurci voit la punition de ses forfaits entourée de mille garanties. C'est une pure infamie qu'un homme lésé, juge, condamne à mort et exécute, pour un délit que la justice frappe d'une peine légère.

D'ailleurs, ceux-là qui aiment vraiment aiment malgré tout, en dépit de tout.

Le cœur ulcéré, ils pardonnent, ils s'appliquent à oublier.

Ceux-là ne tuent pas ; ils mourraient de la mort de leur idole, si indigne qu'elle soit.

Ceux qui tuent sont les orgueilleux, les dominateurs, ceux qui veulent toujours et quand même imposer une volonté de fer.

Ils n'aiment personne, hormis eux-mêmes et leur révoltante infatuation.

Dans la femme, ils voient une esclave, un instrument de plaisir dévoué à leurs fantaisies. Ils exigent son sourire, sa bonne humeur.

Ils dédaignent de plaire.

A quoi bon ?

Est-ce que le Code n'enjoint pas à la femme la soumission et la docilité ?

Froissée dans son légitime amour-propre, l'esclave se révolte : le sentiment de sa faiblesse lui impose la dissimulation.

Cependant une vengeance s'offre à elle : l'adultère.

A son tour, elle rira de ce tyran ridicule, qui s'époumonne à vociférer de sa grosse voix.

Quelle joie malicieuse de duper ce vaniteux personnage, de braver ses emportements furieux !

Elle risque gros : elle le sait.

La nature l'a richement dotée en fourberie. L'enjeu est redoutable, sa vie simplement, elle gagnera la partie.

Maintenant la patience, l'apparente douceur lui coûteront moins.

Elle passera avec la souplesse du chat au travers des piéges et des embûches.

Si quelque soupçon s'éveille, elle ne s'effrayera pas et s'armera d'un sang-froid imperturbable.

Elle commandera à ses muscles et à ses nerfs.

Aucune rougeur révélatrice; son front demeurera pur et lisse, ses regards auront l'innocence ingénue de l'enfant.

Elle supportera sans mot dire les assauts les plus violents.

Elle niera l'évidence avec un imperturbable aplomb.

Tandis que monsieur l'assourdit de ses reproches et de ses injures, elle songera, les paupières baissées, un sourire énigmatique aux lèvres, à la vengeance prochaine, qu'elle se promet de corser, en récompense de l'épreuve.

Elle en viendra un jour à endormir toute méfiance.

Le tyran désarmera et passera de l'inquiétude à la plus parfaite sécurité.

C'est alors, généralement, qu'il choisira pour intime ami le tendre et cher, en personne, celui qui butine son bien en son absence.

Il lui confiera sa femme en croyant faire un coup de maître.

Désormais, il s'applaudira de sa sagesse, et rira à gorge déployée de tel ou tel, dont il connaît les infortunes conjugales, sans se douter qu'il a tous les droits de figurer en bonne place dans l'intéressante corporation des maris dupés et contents.

La femme a vaincu, elle a transformé le tigre furieux en mouton bénévole, ou plutôt en bélier.

Désormais, la vie sera parsemée de roses, tout marchera pour le mieux dans le plus paisible des ménages à trois, à moins d'un hasard imprévu.

Le mouton bénévole, redevenant en ce cas le tigre furieux et d'autant forcené, qu'il est moqué, bafoué, depuis longtemps.

Alors, gare au « fait divers ».

Depuis que le monde est monde, la race des maris trompés s'est perpétuée avec une touchante continuité.

Ce serait une étude curieuse que celle des lois qui, depuis des temps immémoriaux, punissent l'adultère.

La pénalité très sévère souvent, vise exclusivement la femme.

L'ADULTÈRE

7.

Le mari qui se rend coupable du même crime échappe généralement à toute punition.

On argue là-dessus que l'adultère de l'homme a moins de gravité à l'égard de la famille que celui de la femme.

C'est une raison d'avocat.

Les lois qui régissent notre société, les conventions qui font la base de nos relations n'admettent pas que la femme émette la prétention d'avoir les mêmes désirs, les mêmes appétits physiques que l'homme.

La maternité éventuelle de la femme semble la condamner à une existence spéciale, toute faite de contrainte et de désirs déçus.

C'est là une singulière morale et qui nous éloigne considérablement des principes exacts de la justice absolue.

Cependant si la femme cherche à s'affranchir du joug écrasant, écrasant pour elle seule, de ces conventions, elle est considérée comme une coupable.

Et pourtant si elle obéit à une force initiale que sa volonté même est impuissante à maîtriser?

L'être humain ne peut se soustraire au jeu naturel de son organisme, et le jaloux présente beaucoup d'analogie avec un malheureux infirme qui voudrait voir le reste des humains infirmes comme lui.

La vérité est que les lois ont été faites par les hommes, qui les ont faites pour eux.

Ajoutez à cela que les trois quarts, pour ne pas dire plus, de maris trompés méritent pleinement leur triste sort.

Quant aux autres, les innocents, ils auront fait leur purgatoire sur terre..., espérons qu'il leur en sera tenu compte là-haut !...

XVII

L'AMOUR MATERNEL

L'Amour maternel est un des plus beaux sentiments de la nature, un des plus purs, celui qui survit à tous les autres, et qui ne s'éteint que quand le cœur cesse de battre.

Absorbée tout entière par l'ivresse des premiers temps passés aux bras de celui qu'elle aime, l'épouse, un jour, s'aperçoit avec surprise qu'une transformation intime bouleverse son être.

Elle est mère !

Quel orgueil, quelle joie envahissent son âme aux premiers tressaillements de ce fruit de son sang, de sa chair unis à la chair et au sang de l'époux bien-aimé !

Avec quelle impatience elle est attendue, la venue de cette frêle chose qui porte tant d'espérances !

Quel temple pour son fils elle a rêvé neuf mois !
Comme elle fêtera l'enfant dont Dieu dispose !
Il lui faut un berceau tel que les fils de rois
N'en ont de pareils, si beaux qu'on les suppose !
Fi de l'osier flexible ou bien du simple bois !
L'artiste a dessiné la forme qu'elle impose :
Elle y veut incruster la nacre au bois de rose,
Il serait d'or massif, s'il était à son choix.

. . . .

N'est-ce pas, en effet, le couronnement de la destinée spéciale de la femme, créée par la nature pour la conservation de l'espèce, ornée par elle de toutes les tendresses, de tous les dévouements nécessaires à cette mission sublime?

A toutes les époques de sa vie se manifestent ces instincts merveilleux.

La petite fille a sa chère poupée, qu'elle habille, qu'elle berce, qu'elle dorlote.

Elle joue à la maman.

Plus tard, elle fera son bonheur et sa gloire de la maternité.

Grand'mère, elle s'attache davantage à ses petits-enfants, et les soins attendris qu'elle leur prodigue sont la plus délicieuse occupation de ses derniers jours.

Ce n'est pas seulement aux causes morales, c'est encore à une cause physique absolument intime, que tient l'amour excessif d'une mère pour son enfant : pour lui donner la vie, elle a risqué la sienne, elle a souffert d'atroces douleurs qui ont broyé son corps, et lui ont fait maudire à la fois et la cause innocente de ce qu'elle souffre et celui qui en est l'auteur.

Mais, dès que l'enfant au cri suprême de sa mère a répondu par le premier vagissement, toutes les douleurs sont instantanément oubliées, la joie transfigure ce visage tout à l'heure crispé par l'angoisse.

Elle a donné le jour à un être fait à son image !

Qu'il y ait, au fond de ce sentiment, un retour à l'amour de nous-même qui nous fait préférer notre œuvre à tout autre, ce serait déjà bien légitime. Mais peut-on confondre avec l'amour-propre, le dévouement sans bornes, l'esprit de sacrifice, à l'épreuve de tous les dangers et de toutes les immolations qui font surmonter aux mères les plus terribles obstacles, lorsqu'il s'agit de sauver le fruit de leurs entrailles !

Voyez-les au chevet d'un cher petit malade : la crainte qui torture leur âme, loin de paralyser leur tendre sollicitude, augmente encore leur dévouement : elles bravent les veilles, la contagion.

Ce sont elles qui se jettent à travers les flammes pour enlever du milieu d'un incendie leur enfant qui dort dans son berceau.

Ce sont elles qui, pâles, échevelées, embrassent avec transport le cadavre de leur fils mort dans leurs bras, collent leurs lèvres sur ses lèvres glacées, tâchent de réchauffer par leurs caresses sa dépouille déjà froide.

Ces douleurs poignantes, immenses, tragiques, qui nous font palpiter à la fois d'admiration, de terreur et de tendresse, n'ont jamais appartenu et n'appartiendront jamais qu'aux mères,

Elles ont dans ces moments une auréole surnaturelle qui les élève au-dessus de tout, qui semble nous découvrir de nouvelles âmes, et reculer les bornes connues de la nature !

Il est pour leur Amour infini une mission plus noble encore.

Les femmes ne sont mères, dans toute la plénitude de leur sacerdoce, que lorsqu'elles travaillent à développer l'âme de leurs enfants.

Leur rôle sur la terre n'est pas de procréer un être simplement intelligent.

C'est un homme complet que la société leur demande, un homme dont toutes les passions participent du beau et de l'infini, qui sache choisir sa compagne, inspirer ses enfants, et, joignant l'exemple au précepte, mourir s'il le faut pour la vertu.

Il y a donc pour la femme un double devoir, comme il y a pour l'homme une double naissance: naître à la vie, ce n'est rien que naître au plaisir et à la douleur : naître à l'Amour c'est là véritablement naître, et cette seconde naissance, notre mère nous la doit si elle veut jouir d'un autre bonheur, que de nous voir respirer et digérer, de ce bonheur que Shakespeare exprime si bien lorsqu'il fait dire à sa mère de Coriolan ; « J'éprouvai moins de joie à sa naissance que le jour où je lui vis faire une action d'homme. »

Nos premiers sentiments et nos premières idées, ce sont nos mères qui nous les donnent : elles les voient germer, grandir en nous, ce sont elles qui reconnaissent le caractère et le génie de leurs enfants, applaudissent à leur vocation, les soutiennent parfois contre l'opposition paternelle, les consolent, les fortifient et les livrent enfin à la société, prêts à devenir des hommes utiles à eux-mêmes, à leurs semblables et à leur patrie !

Sur le sein maternel reposent donc l'esprit des peuples, leurs mœurs, leurs préjugés, leurs vertus en d'autres termes la civilisation du genre humain.

On convient de la réalité du pouvoir, mais on objecte qu'il ne s'exerce que dans la famille, comme si de l'ensemble des familles ne résultait pas la nation !

Et ne voyons-nous pas que les pensées dont les femmes s'occupent au coin de leur foyer, l'homme les porte sur la place publique.

C'est là qu'il réalise par la force ce qui lui fut inspiré par les caresses ou insinué par la soumission.

Vous voulez borner les femmes au gouvernement matériel de leur maison, vous ne les instruisez que pour cela, et vous ne songez pas que c'est de la maison de chaque citoyen que sortent les préjugés et les erreurs, comme aussi les idées grandes et généreuses qui gouvernent le monde !

L'Amour maternel est le plus indépendant de tous les amours ; une mère aime son enfant quel qu'il soit, quoi qu'il fasse, qu'il afflige ou contente son amour-propre, qu'il réponde à sa tendresse, ou qu'il la souffre comme une gêne pour sa liberté, qu'il l'écoute ou qu'il la repousse.

Grâce à lui, elle regarde haut et loin, sans embarras ; son âme, qui n'est jamais agitée, ne cesse point d'être émue ; la confiance qui s'établit entre eux devient la plus douce des relations ; elle ne ressemble à nulle autre, toute composée qu'elle est de l'autorité et de la faiblesse, de la condescendance et de la force, qui dénoncent à la fois et la femme et la mère et l'homme et le fils.

L'Amour maternel, enfin, ne sait pas faire de différence entre les enfants : le cœur d'une mère qui aime l'un de ses enfants à l'exclusion de tous les autres est une erreur monstrueuse de la nature.

Il n'est point ici question d'une tendresse éclairée qui distingue entre les jeunes plantes qu'elle cultive, celle qui répond le mieux à ses premiers soins, il s'agit d'une tendresse aveugle, souvent exclusive, quelquefois jalouse, qui se choisit une idole et des victimes parmi ces petits innocents pour qui l'on est également obligé d'adoucir le fardeau de la vie.

Ordinairement la punition de ces mères folles et injustes est d'aimer des enfants dénaturés et ingrats.

L'Amour maternel est la consécration si naturelle de toutes les aptitudes, de toutes les aspirations du cœur de la femme que toutes les autres joies d'ici-bas ne sont rien pour l'épouse à laquelle font défaut les joies de la maternité.

Sur sa vie monotone dont les autres affections languissent comme flétries, pèse toujours le deuil secret du petit être longtemps espéré.

Et le pauvre cœur ulcéré se demande parfois pour quelle faute inconnue il lui faut porter la croix si lourde de voir ainsi pour toujours :

La cage sans oiseaux, la ruche sans abeilles,
La maison sans enfants !

XVIII

L'AMOUR FILIAL

Un Amour aussi absolu, aussi complet que l'Amour maternel, ne saurait jamais se payer d'un Amour égal et c'est ce qui en fait le plus sublime prodige de la création, car il n'est pas pour lui sur terre de récompense suffisante.

L'Amour filial est cependant le premier qui s'épanouisse en notre âme, et s'il s'efface à un moment donné, s'il laisse la plus large place à l'épouse, il reste jusqu'à la fin dans le meilleur coin de notre cœur.

N'est-ce pas sur le sein de notre mère qu'ont été bercées nos premières douleurs d'enfant? n'est-ce pas dans ses bras que nous avons trouvé la tendresse la plus sûre, la paix la plus profonde? Et plus tard, n'est-ce pas vers elle qu'à l'heure du péril s'envole notre pensée suprême? c'est ce nom bien-aimé qui réconforte le blessé sur les champs de bataille, il l'invoque comme celui d'une protectrice toute-puissante, capable de tous les miracles.

L'Amour d'une mère, trésor inépuisable de mansuétude, est celui qui donne au cœur humain les sentiments les plus beaux, les plus nobles et les plus délicats : voilà pourquoi, quelque tourmente que nous traversions dans la vie, l'image de notre mère rayonne toujours dans nos souvenirs, répandant même sur le plus grand coupable, en face de l'échafaud, comme une rosée régénératrice de pardon.

Quand l'enfant grandit, il semble un moment rechercher davantage l'attention, les caresses, la société de son père : on dirait que l'instinct viril qui s'éveille en lui le pousse à demander à l'homme fait les exemples et les conseils qui l'armeront pour la lutte prochaine.

Il y a là une loi naturelle.

Mais l'Amour de la mère ne s'alarmera pas de cette apparente ingratitude.

Elle sait bien qu'à la première meurtrissure, c'est vers elle que reviendra l'âme troublée de son enfant ; elle reste le refuge préféré, l'inébranlable espérance.

Pourquoi faut-il, hélas ! que l'Amour filial nous semble plus vif, plus profond, quand nous avons perdu ceux qui en étaient l'objet, ou quand nous voyons approcher pour eux le terme fatal, où nous arriverons tous tôt ou tard !

Il faut avoir connu soi-même les déceptions

de la vie pour apprécier l'étendue des sacrifices que nous avons coûté à nos parents.

Et quand vient cette triste expérience, nous ne pouvons plus, trop souvent, que nous demander si notre affection, nos soins, notre respect ont toujours été ce qu'ils devaient être.

C'est à tort, selon nous, que les moralistes se sont crus obligés de recommander l'Amour filial comme un devoir.

L'idée de devoir entraîne forcément une idée de contrainte, de sacrifice.

Quel est donc l'homme qui a besoin de raisonnement et de morale pour rendre à ceux qui l'ont créé, qui ont façonné son âme et son esprit, tout leur Amour et toute leur abnégation?

XIX

PEUT-ON AIMER QU'UNE FOIS DANS LA VIE

Si l'Amour est ce qu'il doit être, on ne peut aimer qu'une fois : quelque vaste qu'il soit, un cœur humain ne saurait faire plus.

Ecoutons ce que dit à ce propos l'abbé Constant dans ces admirables pages :

« Je ferai à l'esprit du Seigneur une question à laquelle je n'ai su longtemps que répondre : j'exposerai devant mon Dieu un problème que l'esprit humain n'a pu résoudre.

« L'homme ne doit-il dans sa vie aimer qu'une seule femme, et la femme doit-elle borner à l'amour d'un seul homme les désirs de son cœur.

« Nous voyons toujours l'Amour s'allumer et s'éteindre, puis être remplacé par un nouvel Amour.

« L'objet que nous adorions perd lentement son prestige, et le culte que lui avaient voué nos cœurs s'attiédit et se désenchante à mesure que son auréole s'en va !

« Alors, un autre objet se présente à nous et notre cœur s'émeut et s'inquiète doucement, comme s'il était touché d'Amour pour la première fois.

« Est-ce donc que l'Amour serait une émotion toute sensuelle et brutale qui nous excite et nous abandonne au hasard ?

« Et l'esprit du Seigneur, l'esprit d'intelligence et d'Amour, me répond au fond de mon cœur :

« Quand tous les hommes ne seront plus qu'un homme et quand toutes les femmes ne seront plus qu'une femme, épouse et moitié inséparable de l'homme, le mariage sera indissoluble et l'Amour ne se méprendra plus.

« Car, je vous le dis, en vérité ! l'Amour ne s'éteint pas, mais il se décourage de brûler où il n'a plus d'aliment.

« Il s'aperçoit qu'il s'est trompé d'objet et il se retire avec dépit ou dégoût.

« Et il va, cherchant s'il ne trouvera pas ailleurs une nouvelle et plus heureuse vie.

« Depuis notre enfance, jusqu'à notre mort, nous ne rêvons qu'une bien-aimée et souvent nous croyons l'avoir trouvée sur terre ; tandis que nous aimons encore le songe amoureux de notre cœur.

« Faute de trouver un homme ou une femme digne de nous, femmes veuves ou hommes dé-

LE PREMIER BAISER

solés, nous sommes épris de notre seul Amour et nous aimons sans objet le doux bonheur d'aimer.

« Car cet idéal qui nous tourmente et à qui seul nous restons fidèles ne se réalise jamais pour nous, parce que l'homme parfait et la femme sans défaut ne sont pas nés encore.

« Tel est notre grand malheur dans l'enfance sociale où nous sommes : nous n'avons de tous les biens que l'idée, avec la réalité de tous les maux.

« Si l'on ne croyait pas au progrès et si l'on n'attendait pas d'avenir, il faudrait pleurer épouvantablement comme Héraclite ou rire amèrement comme l'autre insensé qu'on lui oppose.

« Quant à moi, j'aimerais mieux baisser la tête et mourir.

« Si je ne croyais pas à l'avenir, je ne parlerais pas d'Amour, car en pensant à ce qu'on appelle ainsi dans notre siècle, je sentirais mon front rougir.

« Mais, ô ma bien-aimée ! je traverse ce siècle mauvais avec ton image dans mon cœur et je crois à un chaste et fidèle Amour.

« Je vais te cherchant par le monde et quand je m'adresse aux femmes que je rencontre en leur demandant ma bien-aimée, elles me demandent : « Quelle est donc cette bien-aimée ? » Et quand je leur en ai décrit la beauté et l'Amour, elles me répondent avec dépit : « Cherche toujours ; ta bien-aimée n'est pas parmi nous. »

« Oui, je te chercherai toujours, ô ma colombe sans tache ! Je te chercherai et je te trouverai.

« Mais ce sera quand le souffle de l'avenir aura balayé les eaux du déluge que tu viendras te poser près de moi avec la branche d'olivier.

« Et tu m'annonceras ainsi que le ciel a enfin donné la paix à mon cœur.

« Le prophète de l'Orient a bien compris que l'Amour de notre cœur aspire à une union plus belle que les unions passagères de ce monde, et il a pressenti la femme de l'avenir, lorsque, dans ses fables merveilleuses, il promettait aux croyants le baiser éternel des houris.

« L'Amour seul peut contracter l'union de l'homme et de la femme et le mariage sera vraiment indissoluble quand l'homme et la femme s'aimeront d'un véritable Amour.

« Car le véritable Amour ne peut ni changer ni s'éteindre.

« Maintenant, nous dont le cœur ne peut s'amuser à des essais impuissants d'Amour frivole, nous qui comprenons ce que c'est qu'aimer et qui nous tourmentons dans la désolation de notre veuvage sans espoir.

« Puisque nous ne pouvons pas rencontrer une femme qui nous aime, aimons la femme qui souffre et qu'on aime pas : celle-là nous la rencontrerons toujours.

« Je ne puis voir pleurer une femme sans que

mes entrailles soient émues et je voudrais la prendre dans mes bras et la consoler comme un enfant.

« La femme, dans notre siècle malheureux, n'a encore appris qu'à souffrir.

« Elle n'est belle et sublime que dans la douleur.

« Hommes d'avenir, aimez la femme qui souffre et cherchez à lui faire du bien.

« Mais gardez pur et sans tache le doux rêve de votre cœur.

« Sachez que votre bien-aimée n'est pas encore de ce monde : l'humanité en est en travail.

« Consacrez vos soins à la mère pour qu'elle vous donne un jour sa fille en mariage.

« Mais défiez-vous de la promptitude de l'esprit et des faiblesses de la chair.

« Ne laissez pas tomber votre cœur il se briserait.

« N'épanchez pas votre Amour, car il serait perdu.

« Que ceux qui ont des femmes soient comme s'ils n'en avaient pas, suivant le conseil de l'apôtre, car la forme de ce monde va passer.

« Le ciel et la terre changeront, mais l'Amour ne peut ni passer, ni changer.

« Il est éternel parce qu'il est Dieu. »

XX

GENÈSE DU BAISER

Quand l'homme primitif eut quitté la caverne pour la cabane, quand au grognement eut succédé la parole, quand aux besoins rudimentaires de la vie matérielle furent venues s'ajouter insensiblement des aspirations d'une essence plus élevée, il fallut chercher d'autres formules pour exprimer des sentiments nouveaux que la parole ne pouvait plus rendre d'une façon assez vive, assez caractérisée.

Quand la sauvagerie native eut disparu, pour faire place à des mœurs plus douces ; quand l'amour ne fut plus pour l'homme l'acte brutal de l'animal en rut, alors, en même temps que le sourire, naquit le Baiser, et l'humanité entra dans une phase nouvelle.

Le Baiser marque la première étape de l'être humain vers la civilisation.

Parmi tous les êtres vivants, l'homme seul a le rire pour exprimer sa joie, les larmes pour montrer sa douleur ; seul aussi, il a le Baiser pour dire l'amour, le respect, l'amitié, la reconnaissance, la paix, la charité.

Voltaire a écrit quelque part que les hommes et certains oiseaux sont les seuls animaux qui connaissent ce moyen de témoigner leurs sentiments les plus tendres.

Le Baiser est un geste sublime, qui, bien mieux que la voix, rend d'une façon plus délicate et plus appréciable à la fois ces diverses manifestations de l'âme.

Chez tous les peuples se retrouve le Baiser, avec des significations en apparence différentes, mais qui, toutes, dénoncent chez celui qui les donne un sentiment affectueux.

Partout, baiser est synonyme d'amour !

XXI

BAISERS SYMBOLIQUES

Dès les premiers temps, le Baiser fut un symbole, un gage d'amitié et de bon accueil.

C'était par un baiser qu'on recevait le visiteur, ami ou étranger.

Baiser sur les lèvres, sur la joue, sur l'épaule, sur la main, selon les temps ou les pays, mais toujours baiser contact des lèvres, messagères du cœur qui s'offre, donnant à l'hôte droit de cité sous la tente ou dans la maison,

Qu'il y a loin de cette manifestation qui, dans l'esprit des peuples d'autrefois, avait une signification si haute et tenait en quelque sorte de la nature du serment, à notre banale poignée de main.

Dans l'Orient moderne, le baiser d'hommage se donne encore sur la main ou sur les genoux.

En France même et dans plusieurs autres pays d'Europe, comme l'Allemagne et l'Angleterre, une coutume régna longtemps de saluer les dames en les baisant sur la bouche, et c'est à ce propos que Montaigne disait :

C'est une déplaisante coutume, et injurieuse aux dames, d'avoir à prêter leurs lèvres à quiconque a trois valets à sa suite, pour mal plaisant qu'il soit.

Qu'il nous soit permis, en passant, de verser un pleur de regret sur un usage qui devait avoir certainement des côtés charmants, mais qui, malheureusement, est à jamais aboli.

Les femmes entre elles ont cependant conservé ce mode de salut, infiniment plus gracieux que le shake-hands, et cela a permis à un observateur malicieux de déclarer que les femmes s'embrassent par coutume en s'abordant et par plaisir en se quittant.

*
**

Dès les temps les plus reculés, on voit le baiser faire partie essentielle du culte rendu aux divinités.

Adorer ne signifiait pas autre chose que baiser : *ad os portare.*

Les anciens mages, les adorateurs du soleil et de la lune étendaient leurs mains vers ces astres et les portaient ensuite à leur bouche.

La tradition de ce geste est venue jusqu'à nous. Il est vrai qu'il ne s'adresse plus au soleil ni à la lune, le baiser gracieusement envoyé, dans un sourire, mais généralement à quelque femme aimée qui sait en apprécier l'intention.

On baisait les statues des idoles et il me faudrait pas sourire de ces démonstrations d'amour envers des images de bronze ou de pierre, car, de nos jours encore, dans l'église catholique, la coutume du baiser subsiste encore : on baise la mule, on baise l'anneau des évêques, et le baiser de la patène a remplacé l'ancien baiser de paix qu'échangeaient les premiers fidèles dans l'église primitive.

Pendant longtemps, les cardinaux en Espagne et en Italie jouirent du privilège de baiser les reines sur la bouche en guise de salut.

*
* *

Aux époques féodales, le suzerain baisait sur la bouche le gentilhomme vassal qui venait lui rendre hommage, et c'est de cette tradition qu'est venue sans nul doute la coutume de l'accolade que donne encore de nos jours, à tout nouveau chevalier, celui qui le reçoit dans l'ordre.

Le vassal devait la bouche à son seigneur, c'est-à-dire le baiser sur la bouche ; et les mains, c'est-à-dire mettre ses mains jointes entre les mains de son seigneur, *en nom d'humilité et en signe que tout luy voue.*

C'est au moment où s'accomplissait la cérémonie symbolique des mains jointes, que le vassal était agenouillé et prononçait la formule solennelle de l'hommage, accompagnée de la promesse de foi sous serments.

Le Baiser en la bouche était donné par le seigneur, après l'hommage et la foi, lorsqu'il relevait le vassal, en lui disant :

Je vous reçois et prends à homme et, en nom de foy, vous baisse en la bouche, sauf mon droit et l'autrui.

(LOISEL-REG 557.)

Dans le fameux *Roman de la Rose*, un seigneur déclare que jamais il ne voudrait :

Qu'hom vilain mal enseigné
Orendroit me face homage
Et me baise emmy la bouche !

XXII

PREMIER BAISER D'AMOUR

Mais si le baiser est employé souvent comme formule de politesse, comme symbole, il joue surtout dans l'amour un rôle prépondérant.

Là, il règne en maître et rien ne se fait sans lui.

Alors que deux êtres, que la nature a marqués l'un pour l'autre, se rencontrent pour la première fois, quand une intuition mystérieuse pousse les cœurs l'un vers l'autre, par une sorte de sélection étrange, ce sont les yeux d'abord qui parlent.

Même à cette période de l'amour naissant, se produisent d'exquises joies, de divines sensations.

Écoutons ce que dit sur ce sujet le vieux berger Philetas à Daphnis, qui éprouve pour la gentille Chloé ce sentiment dont il ignore encore la nature.

*
* *

« Moi-même ai autrefois été jeune et ai aimé Amaryllide, et il me souvient que je ne pouvais ni manger, ni boire, ni prendre aucun repos; j'étais toujours triste et pensif; le cœur me battait et j'étais comme transi; je criais comme si l'on m'eût battu, et je ne parlais pas plus que si j'eusse été mort ou muet; je me jetais dans les rivières pour éteindre la chaleur qui me brûlait, et j'appelais à mon aide le dieu Pan, comme celui qui autrefois avait été amoureux de la belle Pitys; je remerciais la nymphe Écho pour ce qu'elle répétait après moi le nom de ma mie Amaryllide; et je brisais mes flûtes par dépit de ce que, si elles savaient bien donner du plaisir à mes vaches, elles ne pouvaient faire venir à moi mon Amaryllide; car il n'y a médecine quelconque, soit qu'on la mange ou qu'on la boive, ni aucune espèce de charme qui puisse guérir le mal d'amour, sinon le *Baiser*, embrasser et dormir ensemble. »

Aucun désir charnel ne vient se mêler à la pure passion ressentie.

L'être aimé se sépare de sa matérialité, pour revêtir les formes idéales que lui crée l'imagination surexcitée.

Il devient la personnification vivante de toutes les beautés, de toutes les vertus, et le piédestal sur lequel on le hisse, le mettant à l'abri du contact immédiat des vulgarités de la vie ordinaire, l'esprit peut se contenter pendant fort longtemps des jouissances toutes morales, très douces néanmoins, que procure cette façon d'aimer.

Penser à l'adorée devient la seule occupation de l'esprit ; chercher à la voir, le seul but de la vie.

Et quelles extases, quand un regard d'elle, un sourire vient donner au pauvre soupirant comme un gage, un encouragement muet !

Etait-ce bien certain qu'elle ait souri ?

Etait-ce même pour l'amoureux, ce regard qu'il a surpris ?

Non, il n'est pas digne certainement d'avoir inspiré de l'amour à cette créature dont il a fait un être d'une essence supérieure, il ne veut pas croire à ce bonheur !

Qu'a-t-il donc fait pour le mériter ?

O ces désespérances, avant même qu'une preuve matérielle les justifie, combien elles sont douces dans leur âcreté même !

Elles ont une saveur qui dépasse parfois celle des joies, et combien, plus tard, se rappellent avec une volupté extrême ces exquises émotions du premier amour, ces purs élans du cœur vers l'être aimé.

Mais voilà qu'une circonstance fortuite amène un rapprochement...

C'est un bal... une soirée...

On est en présence... le doute n'est plus possible... les yeux ont parlé.

Ils ont dit, dans leur significatif langage, tout ce qu'ils pouvaient dire.

Maintenant, les deux êtres, qui s'aiment cependant, se considèrent comme des ennemis en présence.

Ils s'étudient, se guettent pour ainsi dire; chacun attend l'attaque.

De quel côté va-t-elle venir?

Dans cette nouvelle période apparaît la parole; on échange quelques mots... des banalités, souvent, auxquelles le regard qui les accompagne donne parfois une signification bizarre.

Puis, on s'enhardit: les mots se précisent.

La grande affaire apparaît.

On sait maintenant ce que l'on veut, où l'on va.

Les sensations se font plus vives, on redescend peu à peu des régions éthérées où l'on s'était jusqu'alors confiné.

L'être aimé se rapproche de l'état matériel. L'amour change de forme et d'objet, ce n'est plus la communion de deux âmes, c'est vers un autre but que tendent les désirs.

Il faut aux aspirations une consécration plus positive, plus réelle.

Et voilà les furtifs serrements de mains, les fugaces étreintes que permet le tour de valse, et ces légères privautés, exacerbant le désir, forcent l'esprit à s'arrêter sur des réalités.

Il faut alors à l'amour une manifestation tangible une promesse que rien ne pourra faire reprendre, un gage, un serment.

Alors, vient le baiser, — le sceau, qui vient donner au contrat moral sa définitive consécration.

*
* *

C'est un soir, comme la veille, comme les jours précédents... Ils sont restés longtemps l'un près de l'autre, la main dans la main, causant — si, toutefois, on peut appeler causerie ces conversations d'amants où le même mot revient toutes les minutes :

— Je t'aime !... Je t'adore !

Ils se sont dit cela déjà très souvent.

Pourquoi donc, ce soir-là, éprouvent-ils une gêne particulière qu'ils n'ont jamais encore ressentie ?...

Leurs mains sont brûlantes...

Dans leurs regards brille une flamme inconnue...

Une force invincible les pousse l'un vers l'autre... Leurs têtes se penchent, leurs lèvres se joignent : c'est le premier baiser !...

Premier baiser !

Douce transition qui sépare l'amour platonique et l'amour charnel... Baiser fait de tous les désirs encore inconscients. Baiser qui vient rompre le rêve, pour ouvrir toute grande la voie à la réalité.

Baiser qui met chez l'homme l'orgueil du triomphe, qui trouble si délicieusement l'âme de la jeune fille!...

Premier baiser d'amour, dont on garde le souvenir jusqu'à la fin, alors même que tant d'autres baisers sont venus sur les lèvres effacer ses traces.

Jamais plus la sensation exquise du premier Baiser ne se retrouvera.

Les lèvres pourront être écrasées sous des étreintes passionnées dans l'affolement de passions furieuses.

Elles pourront saigner sous des morsures d'amour, elles ne vibreront plus comme dans l'instant béni du premier Baiser.

Avec le premier Baiser se sont éveillées de nouvelles aspirations; il a appris que la communion des cœurs n'est pas tout en amour, et voilà que les sens parlent, qu'ils réclament, eux aussi, leur part de la fête.

Ce n'est plus la douceur de l'état précédent, cette douce quiétude qui emplissait l'âme d'un bonheur calme et tranquille.

D'autres baisers sont échangés, ils se font plus ardents, les lèvres frémissantes se communiquent leurs ardeurs secrètes. et c'est alors

BAISER CHARNEL

l'amour, l'amour complet, avec toutes ses joies divines, mais aussi avec tout son cortège de larmes, de jalousies, de brouilles, de raccommodements.

Amour d'amants, tout empli d'un perpétuel bruit de baisers.

Dans tes grands yeux d'azur, dans tes yeux pleins de flamme,
Je veux oublier tout : printemps, ciel bleu, soleil !
J'y veux voir transparaître et luire ta chère âme;
J'y veux bercer mon rêve extatique et vermeil.

Sur ta bouche embaumée, où, dans nos nuits de fièvres,
S'affolent mes désirs toujours inapaisés,
Laisse-moi, laisse-moi, sous le feu de mes lèvres,
Égrener longuement la gamme des Baisers.

Sur ton cœur chaleureux, plein d'une ardeur plus forte,
Que je meure étreignant ton corps éblouissant.
Quand je le sens frémir sous le mien, peu m'importe
Que je verse à longs flots le plus pur de mon sang !

Car rien ne me vaudrait cette longue agonie.
Tout en toi m'est parfum, harmonie et douceur,
Et je puise une mort meilleure que la vie
Dans tes yeux, sur ta bouche exquise et sur ton cœur.

OTTARIO.

Ah ! définir ces baisers !

Quelle tâche surhumaine !

Comment grouper les sensations multiples qu'ils procurent, comment classer leurs innombrables façons d'être, comment surtout réunir les termes propres à les montrer sous toutes leurs formes, à les peindre sous leurs couleurs si variées, embrassant la palette entière du vert le plus tendre au rouge sanglant.

Peut-on rendre par des phrases les sensations exquises, qu'elles soient douces ou brutales, que donne le Baiser?

Qu'on aille donc demander à l'amante de décrire ce qu'elle a éprouvé au contact des lèvres de l'amant dans ces moments où la terre disparaît pour faire place à l'extase?

Est-ce que le ciel se décrit? C'est le ciel et c'est tout.

XXIII

LE BAISER CHARNEL

Et comme il est bien le complément pour ainsi dire obligé des mots tendres, leur inévitable corollaire, ce rapprochement des lèvres.

Alors que la parole devient insuffisante, que la voix s'est lassée de répéter : « Je t'aime ! » les lèvres continuent la phrase divine et, dans leur langage muet mais si doux, chantent à leur tour l'amour, l'amour né d'un regard et s'échappant du cœur.

*
* *

Car c'est surtout dans l'amour, dans ce sentiment qui pousse l'un vers l'aure les sexes différents, que le Baiser joue un rôle prépondérant, capital.

N'est-il pas le premier gage demandé par l'amant ? la première preuve de tendresse qu'accorde l'amante ?

Et quelle douce chose que ces baisers-là, ces baisers du véritable amour ?

Comme ils remplissent bien leur mission, comme ils interviennent à propos dans ces moments divins où l'âme débordante arrête les mots dans la gorge oppressée et ne permet plus aux lèvres frémissantes que cette intime communion !

Voyez-les, ces amants !

Ils s'aiment, ils s'adorent !

Mille fois ils se le sont répété, et maintenant, la main dans la main, les lèvres étroitement unies dans l'extase suprême d'un baiser sans fin, se le répètent encore, sans un mot, leur baiser renfermant en lui la quintessence de la tendresse.

Quelles paroles pourraient traduire, aussi bien que le baiser, la passion ardente, la fusion absolue de deux cœurs ?

Ah ! la douce, l'ineffable période que celle de cet amour platonique où le baiser acquiert sa plus grande valeur, sa saveur entière !

Dans cet amour il est tout, car il suffit seul aux aspirations de l'âme, car les lèvres n'attendent avec le frémissement du désir que le contact des lèvres de l'aimée.

Ah ! ceux-là seuls ont connu le véritable amour, l'amour seul digne de ce nom, qui ont aimé ainsi, heureux d'un seul baiser, sans qu'un désir charnel soit venu embrumer d'un nuage le nimbe étincelant qui entourait la bien-aimée.

Bientôt, cette caresse elle-même n'est plus suffisante : les désirs se précisent d'une façon moins vague ; les étreintes se font plus passionnées ; le baiser primitif devient plus ardent sous ses lèvres brûlantes ; l'amour entre dans une phase nouvelle et, comme se sont unies les âmes, les corps se fondent, et Cupidon, avec un malicieux sourire, replace dans son carquois la flèche qui vient de faire deux victimes nouvelles.

*
* *

Mais l'amour lui-même inspire les amants.

Le Baiser, sous leurs lèvres amoureuses, devient un véritable Protée.

Il se transforme de mille manières comme se transforme leur passion elle-même, qui se renouvelle incessamment en des transformations délicieuses, et l'amour seul peut produire ce prodige de la variété insatiable dans l'unité.

Alors, dans les interminables enlacements des amants, dont les âmes sont déjà l'une à l'autre, dont les cœurs confondus battent à l'unisson, les baisers se donnent et se reçoivent exempts de toute lassitude.

Ils passent de longues heures, incapables de voir fuir le temps, muets, absorbés par ce perpétuel échange de baisers.

C'est que les lèvres ne sont pas seules unies avec les cœurs et les âmes. La pensée s'est absorbée, étrangère à tout ce qui n'est pas l'objet aimé ; l'esprit est incapable de percevoir hors de lui. La vie intellectuelle, suspendue pour tout ce qui n'a pas trait à cet amour, ne subsiste qu'en lui.

Les baisers semblent résumer, en leur éloquente manifestation, la vie matérielle tout entière de ces deux êtres qui s'aiment, et l'amour se transfuse des lèvres de l'amant à celles de l'amante, transfusant aussi la joie, la volupté, l'ivresse, et ce bonheur extatique, aux sensations ineffables, si grand qu'il est impossible d'en concevoir un autre, serait celui des élus.

Alors les baisers chantent, interminables, leur douce chanson d'amour.

Ils gazouillent en des trémolos griseurs.

Ils vocalisent en des envolées chromatiques dont tous les tons chantent la tendresse.

Ils se modulent en trilles et en arpèges savants.

Ils s'éternisent en points d'orgue délirants sur les joues enfiévrées de l'aimée.

Ils ont toutes les variétés musicales de l'*allegretto* à l'*andante* et au *largo*, du *piano* au *fortissimo*, avec les transitions ascendantes du *crescendo* !

C'est la musique des cieux !

Sous les baisers de plus en plus ardents et

passionnés, les désirs s'exaltent et s'aiguisent ; mais ils se satisfont par les caresses elles-mêmes grâce à leurs variétés et à leurs promesses sans cesse renouvelées.

Que les amants soient déjà entièrement l'un à l'autre ou qu'ils y aspirent seulement, les baisers constituent pour eux la synthèse, toujours à leur portée et sans cesse renouvelable, de leur amour.

Baisers pris, donnés, repris et rendus de mille manières, et toujours délicieux.

Baisers des lèvres, — qui ne sont pas les plus charnels, peut-être, car ce trésor des caresses est inépuisable ; baisers en lesquels les amants communient, étroitement unis, bouche à bouche, éperdus.

Ni l'un ni l'autre n'osera le premier dénouer l'étreinte amoureuse.

Ils demeureraient ainsi des heures entières, jamais las.

Puis, dans les taquineries délicieuses de l'amour qui se multiplie s'exacerbe, le baiser donné sur l'oreille rose, où sa musique enchanteresse vibre plus ardente et plus puissante, dont le son se prolonge en son étourdissement tapageur, faisant courir en même temps d'ineffables tressaillements en l'être tout entier.

Le baiser piqué dans le cou, au milieu des frisons blonds ou bruns de la nuque, qui se répercute profondément en des frissons enivrants.

Et les lèvres courent toujours, cherchant un coin de chair inexploré.

Les mains saisissent les mains et les portent fiévreusement aux lèvres qui baisent les ongles roses et les doigts fuselés, qui chatouillent en effleurant la paume, qui font tressaillir en glissant le long du poignet et sur les chairs potelées et fermes du bras.

Elles aspirent à plus encore et, le col de l'amante adorée ne suffisant plus aux élans passionnés, les baisers furètent, aidés par les mains qui luttent pour une conquête plus intime et plus complète.

Elle, elle se défend, et la lutte qui excite l'ardeur lui donne en même temps plus de délices.

C'est le corsage entr'ouvert déjà, car un des boutons en a été arraché, et les regards fouillent les trésors à demi-cachés que l'esprit enflammé devine et que les lèvres convoitent.

Oh! ces baisers!

Mais l'amour peut-il être complet sans eux!...

Peut-il même exister?

XXIV

BAISER MYSTIQUE

Dans sa cellule froide, aux murs nus, la carmélite vient de rentrer; une cloche lointaine, aux sons affaiblis, tinte lentement ; c'est l'heure de la prière.

Elle tombe à genoux sur la dalle.

C'est une jeune femme encore, elle a dit adieu au monde pour venir s'enfermer dans ce cloître sévère. Elle a quitté sans retour les joies de la vie pour se soumettre aux inflexibles règles d'une discipline rigoureuse.

Pour elle il n'est plus ni famille, ni amis, ni relations d'aucune sorte.

Mais ce qu'elle n'a pu abandonner en laissant à la porte du couvent tout ce qui la rattachait au monde, c'est son cœur, ce cœur qui a besoin d'aimer, qui ne peut exister sans la passion, auquel il faut à tout prix donner l'aliment qui le fait vivre : l'amour.

Peut-être a-t-elle aimé déjà, cette femme?

Peut-être est-ce une de ces déceptions cruelles qui viennent parfois briser brutalement les illusions les plus douces, chasser les rêves les plus délicieux, qui l'a conduite à se retrancher volontairement du nombre des vivants pour venir s'enterrer dans ce monastère comme dans une tombe anticipée?

Elle a cru trouver, dans les pratiques austères de la règle, l'oubli des tempêtes passées, faire taire les aspirations qu'elle sentait en elle, et elle s'aperçoit avec terreur que le port qu'elle a choisi ne lui offre pas la sécurité qu'elle y cherchait.

Ses yeux se lèvent et, sur le mur, dans la pénombre de la cellule, se détache l'image de celui qu'elle implore, la douce figure du crucifié, de l'Homme-Dieu!

C'est à lui que vont à présent les pensées, c'est vers lui que se tendent les désirs, et peu à peu l'amour mystique qui d'abord avait tout entier empli ce cœur de femme se change en un autre sentiment plus réel, plus près de la terre que du ciel.

L'esprit ne se contente plus du rêve, le corps le sollicite, les sens réclament une satisfaction et, dans un élan d'amour, les lèvres brûlantes de la religieuse s'appuient sur la froide image, dans un fanatique baiser de passion.

La pauvre âme, affolée d'un amour qu'elle

croit divin, a cependant conscience que la prière ardente qui monte de ses lèvres n'est pas suffisante pour rendre d'une façon complète ce qu'elle éprouve; elle sent le besoin inné de compléter le don d'elle-même par une manifestation extérieure; et que sera cette preuve, ce gage, ce serment d'amour?

Un baiser!

Les passions qui naissent dans le silence et l'obscurité de la retraite ont une véhémence, une force auxquelles sont incapables d'atteindre la langueur et la délicatesse d'un monde dissipé.

Un cœur isolé, forcé de se replier sur lui-même, de se parler, de se répondre, en acquiert plus de ressort et d'énergie dans ses mouvements.

Une pauvre recluse s'attache dans sa solitude avec une vivacité inouïe aux moindres objets qui l'intéressent, et elle les *embrasse* avec fureur.

On peut comparer des âmes de cette espèce à ces volcans dont l'explosion est d'autant plus terrible que la flamme a été plus comprimée et que tout lui a servi d'aliment.

Qu'éprouve, en effet, la naïve et sentimentale recluse?

N'est-ce pas d'amour véritable qu'elle vit en la cellule de son cloître?

Quoique mystique, son amour n'a-t-il pas tous

les caractères d'une passion complète, absolue, semblable à tout autre ?

Elle n'a point d'époux sur la terre, mais elle en a un au ciel, un époux mystique, invisible, impalpable, mais qu'elle connaît, qu'elle voit et qu'elle sent, car son amour est fait d'un idéal puissant qui l'absorbe, l'envahit et l'assimile complètement.

Il est peut-être l'objet d'une erreur du cœur, mais elle aime quand même et la passion des baisers donnés par ses lèvres frémissantes à l'icône adorée suffisent à le prouver.

La passion est aussi puissante chez elle que chez la plus ardente des amantes terrestres.

Elle aime et elle aime de toutes les forces de son âme.

A la vaillance de l'esprit énamouré, elle ajoute les forces extra-humaines de l'amour mystique, de cet amour contre lequel rien ne saurait prévaloir, car aucun rival au divin adoré ne peut surgir et venir lui disputer ses tendresses.

Elle est, aussi bien que toute autre, mieux encore peut-être, une amoureuse véritable, une amante réelle.

Ses chairs, sous les baisers qu'elle donne, sous ceux que l'illusion lui fait recevoir, ont les mêmes tressaillements intimes qui exultent et exaspèrent sans assouvissement; ses nerfs connaissent les mêmes frissons amoureux et ses lèvres des ardeurs pareilles.

Illusion, direz-vous!... Mais dans l'amour tout n'est-il pas illusion?

Qui sait, du reste, si, en cette pieuse image à laquelle va tout cet amour dont son cœur déborde, elle ne retrouve pas un être, connu ou imaginé, qu'elle a aimé ou qu'elle aurait voulu aimer?

Ce Christ de trente-trois ans, langoureux et souffrant, appelant à lui celles qui aiment, acceptant les parfums de Madeleine, pardonnant tout à celles qui sont pleines d'amour; ce Christ mourant, en véritable dieu d'amour, n'est-ce pas, pour la recluse amoureuse, l'amant que son imagination s'est formé?

Et ce saint préféré qu'elle vénère entre tous ne lui rappelle-t-il pas celui à qui elle n'a pu se donner?

Cet ange au doux visage, compagnon fidèle de son chevet, sous les yeux de qui elle se couche et s'endort, vers qui va sa dernière prière le soir et les premiers élans de son âme au réveil, n'est-ce point, en sa pensée illusionnée, le jeune homme entrevu, le fiancé idéal créé par l'imagination de l'amoureuse, ou même le portrait de celui dont la malheureuse a été si cruellement séparée?

Et la Vierge elle-même, *consolatrix afflictorum*, n'est-ce pas elle qu'elle fait l'interprète de ses mystiques tendresses, la messagère de ses baisers pour cet amour vers qui elle aspire et qu'elle veut rejoindre dans une éternité de félicités et d'amour?...

XXV

RÉVÉLATION PAR LE BAISER

Il est impossible de séparer le baiser de l'amour, et il en suit fatalement la progression.

Tout au début, alors que le cœur est ému par une première vibration étrange jusqu'alors inconnue, alors qu'il se cherche encore, qu'il essaye de percer le mystère qu'il devine, qu'il s'inquiète et s'effraie, le baiser lui-même est timide, incomplet; c'est à peine si les lèvres osent s'effleurer, il semble qu'elles hésitent à se rapprocher, redoutant vaguement un péril inconnu, avec le désir pourtant de s'engager plus avant dans la vie qui s'ouvre mystérieuse et au bout de laquelle apparaît comme une vague lueur attirante.

Ils ont bien leur douceur aussi, ces baisers encore inconscients, ces furtives étreintes de l'adolescence qui s'ignore.

« Et Chloé lui mit sur la tête le chapeau de violettes qu'elle venait de faire, et lui baisa les cheveux en le mettant, comme sentant à son gré meilleur que ces violettes, puis tira de son bissac un morceau de gâteau qu'elle lui donna à manger; et comme il mordait dedans, elle le lui ôtait de la bouche et le mangeait elle-même, ni plus ni moins qu'un petit oiseau qui prend sa becquée du bec de sa mère.

« Et tandis qu'ils mangeaient ensemble, ils s'embrassaient plus de fois qu'ils n'avalaient de morceaux.

« LONGUS. »

Qui de nous ne se rappelle cet âge où les sens commencent à s'éveiller, où le cœur déjà se sent plus vivement sollicité.

On se sent troublé tout à coup près d'une petite amie que, jusqu'alors, on a considérée comme une camarade, dont on a partagé les jeux, à laquelle jamais on n'avait accordé que l'affection relative produite par l'habitude de se voir chaque jour.

« Tantôt ils s'entre-jetaient des pommes l'un à l'autre, tantôt ils s'entre-peignaient leurs cheveux; et Chloé disait que les cheveux de Daphnis ressemblaient aux grains de myrte pour ce qu'ils étaient noirs, et Daphnis comparait le visage de Chloé à une belle pomme pour ce qu'il était blanc et vermeil.

« D'autres fois il lui montrait à jouer de la flûte ; puis, quand elle commençait à souffler dedans, il la lui ôtait des mains, pour toucher de la langue et des lèvres, là où elle avait touché des siennes, et faisait semblant de lui vouloir enseigner là où elle avait failli pour avoir occasion de la baiser à demi en baisant la flûte où elle avait touché.

« Comme ils étaient à en jouer joyeusement par la chaleur du midi, pendant que leurs troupeaux étaient couchés à l'ombre, Chloé s'endormit, ce que Daphnis apercevant posa tout beau sa flûte pour regarder son amie à son aise, et il disait à part lui ces paroles :

« Oh ! comme ces beaux yeux dorment suavement ! que son haleine sent bon ! Les pommiers ni les aubépines fleuries n'ont point la senteur si douce. Mais pourtant je ne l'oserai baiser, car son baiser pique et perce jusqu'au cœur et fait devenir les gens fous comme le miel nouveau. »

(Les Amours de Daphnis et de Chloé.)
Traduit du grec de Longus.

C'est, l'amour qui naît.

Certes, bien souvent on s'était embrassé sans que cette caresse ait eu une signification bien déterminée ; puis un jour, au lieu de la joue rosée, les lèvres ont cherché instinctivement les lèvres.

Peut-être un peu surprise, l'amie n'a pas refusé les siennes ; une émotion subite s'est emparée des deux enfants ; un regard a été échangé, et, depuis ce jour-là, comme si une révélation subite était née de l'effleurement de ces deux bouches, une sorte de gêne est survenue dans les relations ; les rapports ne sont plus ce qu'ils étaient autrefois ; on s'observe de part et d'autre, avec une sorte de défiance.

Mais, cependant, la première émotion a été si délicieuse que, même sans qu'un consentement formel ait été accordé, ils vont chercher, comme poussé par une invincible force, à retrouver cette sensation si douce et si imprévue de ce baiser surpris, presque inconscient.

Et c'est alors une suite de ruses ; sans se l'avouer, ils vont chercher toutes les occasions possibles de retrouver un prétexte à peu près admissible pour pénétrer plus avant dans le secret entrevu.

« Daphnis allait ainsi devisant et se parlant à lui-même : « Dieux ! que me fait donc le baiser de Chloé ? Ses lèvres sont plus tendres que roses, sa bouche et son haleine plus douces qu'une gaufre au miel, et toutefois son baiser est plus piquant que l'aiguillon d'une abeille !

« J'ai souvent baisé de petits chevreaux qui

BAISER FUNESTE

ne faisaient encore que naître et le petit veau que Dorcon m'a donné, mais ce baiser de Chloé est tout autre chose : le pouls m'en bat, le cœur m'en tressaute, mon âme en languit, et néanmoins je désire le baiser encore.

« O mauvaise victoire ! ô étrange mal dont je ne saurais dire le nom ! Chloé n'avait-elle point goûté de quelque poison avant que de me baiser ? Ah ! comment alors n'en est-elle point morte ?... »

(Daphnis et Chloé. de Longus.)

Pendant bien longtemps encore, chacun gardera pour soi ses impressions ; une indifférence fort bien jouée les laissera presque tranquilles l'un vis-à-vis de l'autre ; mais l'amour fait son œuvre, ce n'est pas impunément que l'on pénètre dans son domaine et, après les baisers furtivement échangés, sortes de passes d'armes qui précèdent l'assaut final entre tireurs qui s'étudient, les consentements s'accusent, les fers s'engagent franchement, les lévres s'unissent cette fois dans le Baiser réel, dans le Baiser d'amour.

C'est bien certainement à cet âge que le Baiser a sa plus douce saveur.

Les sens qui en sont encore au premier balbutiement se contentent de cette manifestation qui apparaît comme l'apogée des jouissances que peut procurer l'amour.

Le Baiser, mais c'est tout !

C'est à cela seul que tendent, semble-t-il, les vagues aspirations ressenties.

Que peut-on demander de plus que ce frémissement délicieux que procure le baiser ? Quelque chose de plus doux peut-il exister ?

Et l'attrait se double encore du mystère qui l'entoure.

Oh ! ce Baiser ingénu qui résume à lui seul toutes les aspirations du cœur; Baiser innocent qui renferme toutes les premières tendresses, dans lequel on met tout le meilleur de soi-même, qui est le reflet de l'amour le plus vrai, le plus sincère, puisqu'aucune compromission n'en altère la pureté, que ne conserve-t-il toujours cet adorable caractère ?

Mais bientôt la nature reprend ses droits ; ses enseignements deviennent plus précis ; une force, contre laquelle rien ne peut lutter, attire invinciblement l'homme vers sa fonction normale et le fait descendre des régions idéales où tout d'abord il s'était envolé.

De nouveaux désirs s'éveillent ; le baiser acquiert une saveur tout autre, laisse dans tout l'organisme un trouble plus violent ; il se fait plus ardent ; plus longues deviennent les étreintes, et le moment arrive enfin où il ne devient plus que l'accessoire, pour ainsi dire, de l'acte qui est le couronnement de l'amour.

« C'est pourquoi, la nuit suivante il ne purent reposer et ne firent autre chose que se rémomérer ce qu'ils avaient fait et regretter ce qu'ils avaient omis de faire, disant ainsi en eux-mêmes :

« Nous nous sommes entrebaisés et cela ne nous a servi à rien ; nous nous sommes l'un l'autre accolés et il ne nous en est presque rien survenu ; il faut donc dire que le *dormir* ensemble est le souverain remède du mal d'amour ; il le faut donc essayer aussi, car il est certain qu'il doit en résulter quelque chose d'autre qu'au baiser. »

« LONGUS. »

XXVI

RÔLE DU BAISER DANS L'AMOUR

Dans l'inéluctable loi qui pousse invinciblement les sexes l'un vers l'autre, le baiser est le plus important facteur des rapprochements.

Certes l'amour peut naître sans son concours.

Un regard seul parfois le détermine; mais c'est le baiser qui le consacre, qui lui donne son entier et véritable caractère.

Dans toutes les phases par lesquelles passe l'amour, le baiser le précède, l'accompagne, le suit.

Il sait adopter toutes les formes, il s'assimile toutes les nuances.

Il se fait séducteur pour déterminer l'amour; pour le faire naître, il est alors timide, implorant; il semble si innocent, si peu dangereux, qu'il est accueilli; il murmure, on le sent à peine, il est très doux, et, sans trop de peine, il arrive à nouer dans la place qu'assiège l'amour des intelligences redoutables.

Son rôle change désormais ; il se fait attrayant, enchanteur, ravissant ; il poursuit son œuvre, il aide l'amour dans sa conquête définitive ; puis quand la place s'est définitivement rendue, c'est lui qui chante en vainqueur la divine fanfare.

L'influence du baiser est loin d'être la même sur les deux sexes.

C'est tout d'abord l'homme qui le sollicite, car la pudeur native de la femme l'empêche de faire les premières avances, et il arrive fort souvent même que, bien qu'attirée invinciblement vers l'homme par son cœur ou ses sens, elle le refuse d'abord, ou ne l'accorde que timidement, ne se rendant que sous de multiples assauts et ne prolongeant même son refus que par une sorte de raffinement, destiné à rendre plus vivace et plus intense la sensation attendue.

« Or, pour avoir eu ces pensées amoureuses en veillant, il leur venait aussi, comme il est ordinaire, des songes amoureux en dormant, et il leur semblait qu'ils s'embrassaient, qu'ils s'accolaient et qu'ils faisaient la nuit ce qu'ils n'avaient osé faire le jour, en se couchant ensemble.

« De sorte que, le lendemain, ils se levèrent

plus épris d'amour que devant, et chassant leurs troupeaux aux champs, il leur tardait de se retrouver pour s'embrasser; et si loin qu'ils s'entrevirent, ils se prirent en riant à courir l'un vers l'autre, s'embrassèrent premièrement, mais l'autre point ne pouvait venir, Daphnis n'osant pas en parler et Chloé ne voulant pas commencer.

« Longus. »

Ta bouche à peine, en résistant,
Eut effleuré ma bouche avide.
Elle s'en détache à l'instant.
Ainsi s'exhale une étincelle.
Oui, plus que Tantale agité,
Je vois comme une onde infidèle
Fuir le bien qui m'est présenté,
Ton baiser m'échappe, cruelle!
Le désir seul m'en est resté!

Dorat.
(Les Baisers).

Mais bientôt le baiser vainqueur s'impose; la résistance faiblit, devient nulle, et les lèvres qui se refusaient, jusqu'alors, se joignent dans un élan aux lèvres qui les appellent.

L'échange de la sublime caresse vient définitivement sceller le contrat tacite par lequel viennent de s'unir deux cœurs,

Le baiser a une telle importance dans l'amour que c'est à lui que les amants doivent de s'apercevoir de la façon la plus indéniable du progrès ou de la décroissance de la passion qui les unit.

Pour qui aime réellement, le baiser ne peut mentir ; il pourra être mécaniquement le même au point de vue du geste, mais cette simple jonction des lèvres comporte en elle quelque chose qu'elle emprunte aux sentiments mystérieux qui la provoquent et que l'on ne peut imiter quand on ne le ressent pas.

Ah ! il est bien facile, pour un cœur épris, de reconnaître au baiser de l'amant l'état exact de son âme, et le comédien le plus habile n'arrivera jamais à donner le change sur la nature de ses sentiments.

Le baiser faux, le baiser trompeur laisse après lui une contrainte caractéristique, le trouble particulier qui suit le mensonge et auxquels ne peuvent se tromper les âmes aimantes.

L'amour, malheureusement, n'est pas éternel et les passions, même les plus vives, finissent par décroître, quand elles ne s'effacent pas tout à fait, et le baiser lui aussi suit cette progression décroissante.

Aux étreintes presque farouches des premiers jours, alors que parfois le baiser se faisait morsure, que les lèvres ensanglantées semblaient pour jamais soudées dans un éternel baiser, voilà que, peu à peu, a succédé la caresse plus froide d'abord, puis le baiser contraint.

Ah ! la triste chose que ce baiser jeté parfois

comme une aumône à un cœur éploré. Combien vaudrait mieux l'absence complète que cette presque insultante caresse, dont semble pourtant se contenter dans une illusion voulue mais pourtant pénible le cœur qui se sent délaissé, qui s'aperçoit qu'on l'abandonne, qui pleure au souvenir des baisers brûlants d'autrefois sous les baisers froids et mous d'à présent.

*
* *

Quelles nuances diverses ne retrouvera-t-on pas dans les baisers qu'échangent deux êtres qui s'aiment !

Leurs caresses sont toujours en rapport direct avec leur état d'âme, et reflètent avec fidélité les impressions reçues des événements, même les plus ordinaires de la vie.

L'âme vient-elle à éprouver quelque douce satisfaction, quelque sensation qui l'arrache pour un instant aux vulgarités ambiantes, le baiser se fait lui-même plus doux, plus tendre, plus touchant, s'harmonisant avec la précision la plus absolue aux divers sentiments du cœur.

XXVII

BAISERS MENTEURS

C'est bien pour cette cause que le baiser ne peut jamais mentir, car cette expression vivante et charnelle des secrètes impulsions de l'âme exprime des sentiments sacrés qui en font presque une chose immatérielle.

Le premier dans l'histoire, Judas profana le baiser, quand il vendit Jésus pour trente deniers; la vilenie d'un pareil acte eût peut-être paru moins ignoble, on eût pu excuser la soif d'argent du Juif, mais ce que les siècles ne pardonneront jamais au traître, c'est d'avoir fait mentir le baiser.

*
* *

A l'Assemblée législative, pendant la séance du 7 juillet 1792, l'abbé Lamourette, évêque constitutionnel de Lyon, se rendant compte de la portée des injures que les partis se lançaient dans la salle des délibérations, tandis que les armées alliées marchaient sur Paris, monta à la tribune, et, au milieu de l'émotion générale, prononça un discours retentissant où il faisait appel à la concorde, à l'apaisement, à l'oubli des injures et à la fraternité éternelle.

L'orateur était sympathique et apprécié de ses collègues ; son chaleureux appel fut un instant assez puissant pour être entendu, et les membres de l'Assemblée, sans distinction d'opinions, se jetèrent dans les bras les uns les autres, donnant un spectacle saisissant et grandiose.

L'arrivée du roi à ce moment solennel ajouta encore à l'élan de cette expansion générale.

Mais la réconciliation ne devait durer qu'un éclair.

Le lendemain, les défiances éclatèrent de nouveau ; les injures recommencèrent plus violentes ; et, quelques années après, l'abbé Lamourette, qui avait rêvé ce rapprochement des frères ennemis, expirait sur l'échafaud, avec cette courageuse et mémorable parole :

« *La guillotine n'est qu'une chiquenaude sur le col.* »

Le *baiser Lamourette* a été consacré par la langue pour signifier les réconciliations éphémères et peu sincères.

*
* *

Baiser menteur, celui de la maîtresse ou de l'épouse qui vient de connaître, dans les bras d'un autre, de nouvelles tendresses.

Elle craint que sa faute n'éclate.

Elle a peur que son infidélité se lise en ses yeux.

Elle ne veut pas qu'un moindre témoignage de tendresse décèle sa trahison.

Alors elle feint la tendresse et se pare de cet amour qu'elle a trahi.

Baiser menteur celui qui lui sert de prétexte, de contenance même, pour cacher à l'amant sacrifié le front sur lequel la trahison s'est sans doute stigmatisée !

Baiser menteur, donné pour faire croire à la tendresse perdue et finie !... Baiser perfide autant que les feuillages fleuris cachant un hideux reptile !

Baiser menteur aussi celui de l'amant dont l'imagination lassée d'un amour devenu monotone a conçu déjà une diversion à la satiété qui l'obsède et médite l'abandon.

Il enveloppe de tendresses qui masquent ses projets de désertion.

Il endort sous ses baisers la défiance que sa voix frémissante éveillerait.

Infortunée, elle se prête à ces caresses et

s'en grise peut-être, car elle aime toujours et croit encore en celui qu'elle aime.

Elle ne sait pas que ces baisers sont les derniers !

Elle ne sent pas combien ils sont menteurs !

Parfois, c'est à la suite d'une discussion irritante que le projet d'abandon est né, conséquence d'une altercation dont le souvenir pénible reste, ayant émoussé l'amour, comme persiste la rouille tenace sur l'acier que rien ne peut rendre aussi brillant qu'autrefois.

La désertion du foyer où l'on ne peut plus aimer est méditée, résolue, mais l'aveu brutal en est épargné.

Les baisers menteurs donnent le change.

L'hypocrisie de l'amour qui n'est plus se consomme par les lèvres.

En vain tente-t-on, de part et d'autre, une réconciliation que l'on feint d'accepter, mais que la résolution prise dans l'irritation de tantôt, repousse avec opiniâtreté : les lèvres mentent sous les baisers qu'elles donnent.

On se sépare, un instant comme chaque jour, et confiante dans cette réconciliation hypocritement acceptée, menteusement scellée par les caresses, la pauvre dupe attend l'heure accoutumée du retour.

Personne ne vient !

Elle demeure seule et sa joue brûlante conserve encore la sensation de ce baiser menteur qui fut un baiser d'adieu.

Et pourtant, si quelque chose devait être par-dessus tout sincère, c'est ce témoignage unique et ineffable d'amour donné par les lèvres dans le Baiser.

En dehors de l'amour vrai et éprouvé intimement, les baisers ne devraient-ils pas être irrémissiblement proscrits !

A cette amante d'un instant elle-même, à cette amoureuse rivale due au hasard de la rencontre et au caprice de l'heure, devrait-il être aussi facilement accordé ?

N'est-ce pas encore un mensonge d'amour que ces baisers ?

Et le respect de soi-même ne devrait-il pas en préserver ?

Non, les lèvres ne devraient jamais se souiller dans ces baisers menteurs.

Que les sens désirent dans une exaltation habilement produite par les professionnelles de l'amour, passe encore, mais que les lèvres demeurent pures.

C'est le cœur qui parle par les lèvres ; c'est lui qui bruit par le Baiser. S'il ne prend aucune part à ces tendresses momentanées, que les lèvres s'accordent avec lui pour demeurer muettes.

On n'embrasse point ces femmes-là.

Le Baiser est l'apanage exclusif de l'amour,

et sans amour il ne doit pas se prostituer.

Celui dont l'amour est capable de quelque trahison, demandez-le à celles qui aiment, trahit plus par ce don du Baiser à l'impure, que par l'abandon d'un instant ou une tendresse de circonstance.

Le Baiser de doit jamais mentir.

Le Baiser doit être sacré.

BAISER DÉROBÉ

XXVIII

BAISERS FUNESTES

Mais s'il est des baisers faux, il existe aussi d'autres baisers qui ont souvent des résultats bien funestes et diamétralement opposés au but divin du Baiser en général, qui est de rapprocher les cœurs.

Que, dans une circonstance quelconque, il advienne à un homme de donner à une femme un baiser qui ait toute la caractéristique d'un baiser d'amour. Qu'arrivera-t-il si cette femme, abusée par l'apparence, prend pour une preuve d'amour une cause déterminée par des influences étrangères, l'animation d'un bal, par exemple.

Ah! ce sont là de funestes baisers qui font souvent de terribles ravages, car quelle plus atroce situation que celle d'un cœur aimant qui attend, qui attendra toujours peut-être la réalisation d'une promesse qu'elle a cru à tort lui être faite.

*
* *

Elle a seize ans.

Depuis quelques jours à peine, elle a quitté le cher couvent où s'est écoulée son enfance... La fillette d'hier est devenue une jeune fille, la chrysalide s'est transformée en un brillant papillon.

C'est son premier bal...

Elle va enfin connaître ce monde dont une intuition vague lui chante depuis si longtemps aux oreilles les merveilleux mystères.

Un bal!...

Et toute une vision de féerie se déroule à ses yeux...

Des récits enthousiastes de compagnes plus âgées bruissent dans sa mémoire...

Un bal! des lumières et des fleurs, la griserie des parfums étranges, l'ivresse des entraînantes musiques et... et cela surtout, l'attente troublante du prince Charmant tant de fois évoqué dans les songes enfiévrés des nuits sans sommeil, du jeune homme idéalisé qui va venir tout à l'heure, qu'elle entrevoit déjà, et qui l'emportera dans le tourbillon de la valse en murmurant à son oreille des choses douces et tendres qu'elle entend déjà.

Et voilà que, toute tremblante d'une émotion délicieuse, elle est entrée dans le grand salon:

C'est bien le désir qu'elle avait rêvé, partout des lumières et des fleurs. Sur son passage des murmures flatteurs lui disent qu'elle est jolie et tout à coup il apparaît, celui qu'elle attend.

Il est bien tel aussi qu'elle l'avait toujours vu. Il lui semble que depuis toujours elle le connaît.

C'est bien ce jeune homme à l'élégante allure, ce souriant visage auquel une fine moustache donne pourtant une mâle crânerie. C'est lui qui s'incline devant elle comme elle avait rêvé qu'il s'inclinerait, et qui murmure d'une voix si douce :

— Mademoiselle mé fera-t-elle l'honneur de m'accorder une valse ?

Juste la phrase qu'elle attendait !

L'orchestre susurre le rythme enveloppant d'une valse langoureuse et ils vont tournoyant parmi d'autres couples.

Dans l'atmosphère flottent d'enivrants effluves. A l'oreille de la pauvrette, son galant cavalier murmure de courtes phrases... les phrases qu'elle attendait...

Elle sent battre son cœur sous une étreinte qui se resserre et tout à coup une sensation presque douloureuse, mais très douce, fait refermer ses yeux.

Elle a senti sur sa joue le frôlement subtil de la fine moustache et sur son cou comme une brûlure, le contact, oh ! combien léger ! des lèvres qui l'effleurent.

Un baiser! c'est un baiser!

Et pendant de longs jours l'affolant souvenir de cette première caresse va hanter l'enfant, ouvrant à son esprit qui s'éveille des horizons nouveaux!

Lui, pourtant, il ne l'aimait pas.

Son amour, à elle, ne se serait peut-être pas encore éveillé.

C'est ce baiser funeste qui en a produit l'éclosion.

C'est ce baiser qui l'a prise, en lui communiquant ces tressaillements mystérieux de passion qu'elle ne connaissait pas encore.

Elle souffrira encore longtemps et traînera peut-être toujours son cœur meurtri, aspirant à des tendresses qu'il ne peut plus trouver.

Nul amant n'aura plus accès auprès d'elle.

Aucune parole d'amour ne pourra plus trouver le chemin de son cœur.

Ce baiser funeste en a interdit l'accès.

En cette femme faite pour l'amour, voilà quel fut le pouvoir de ce baiser de malheur.

Il donna le jour à l'amour et le tua du même coup.

C'est le Baiser assassin.

*
* *

Baiser funeste parfois, celui octroyé à la femme sous le prétexte d'une banale galanterie.

Elle était aimée et le bonheur pouvait être définitif et durable pour elle.

Mais ses sens avaient des aspirations mystérieuses, inconscientes sans doute, aspirations que ce baiser a éveillées.

Les désirs coupables ont pris naissance en son âme.

Elle a trouvé à ce baiser étrange les saveurs d'une caresse amoureuse.

Le souvenir en est demeuré sur elle, à la place où il fut posé, comme le stigmate irritant d'une brûlure.

Baiser funeste qui tarira les sources du premier amour.

Baiser funeste qui détournera peut-être un jour l'épouse vertueuse de ses devoirs.

Baiser funeste qui a révélé à l'amante qu'il y avait d'autres amants sur terre.

Baiser funeste qui l'a initiée aux concupiscences attrayantes du fruit défendu.

Baiser funeste qui est le prélude des amours coupables.

Baiser funeste qui sème la trahison et souffle le vent de l'adultère.

Baiser funeste qui torture le cœur, que l'amour juré ne rassasiera plus et qui demeurera inassouvi jusqu'à ce qu'il se répète en d'irritantes et sacrilèges tendresses.

Baiser funeste qui sera la perte du bonheur et la fin de l'amour !

XXIX

LE BAISER DÉROBÉ

. . . .

Un frais bouton naît à ma vue
Et je n'ai plus qu'à le cueillir.
Je brûle, j'avance, je n'ose,
Je retiens mon souffle amoureux;
Mais au péril mon cœur s'expose,
Je fais un pas, j'en risque deux,
J'approche ma bouche et la rose
Se colore de nouveaux feux.
Je disparais. Thaïs s'éveille,
Mon baiser agite son sein;
Elle y porte en tremblant sa main,
Puis, apercevant une abeille,
Qui, séduite par ses couleurs,
Pour elle avait quitté les fleurs
Et les fruits ambrés de la treille:
« C'est donc toi qui me fais souffrir
Par une piqûre cruelle?
Tu paîras mon tourment, dit-elle,
Quoiqu'il soit mêlé de plaisir.
Calme, lui dis-je, ta colère,
Le coupable à toi vient s'offrir.
Je suis l'abeille téméraire,
C'est moi seul que tu dois punir.

Mais non, Thaïs n'est point sévère.
Si je parviens à te fléchir,
Un second baiser peut guérir
Le mal qu'un premier t'a pu faire. »

DORAT.

(*Les Baisers.*)

Le baiser dérobé, le baiser donné en cachette, rapide et brûlant, furtif et passionné, c'est peut-être le meilleur, c'est à coup sûr le plus savoureux et le plus irritant.

Les baisers dérobés sont les tentantes prémices du fruit défendu.

Ce sont ces baisers, volés bien souvent, qui créent les nouveaux amants.

Ils les ont unis en cachette.

Ils s'appartiennent désormais, parfois pour la vie.

Qui dira la puissance du baiser dérobé ?...

L'amante, que l'amour a endormie, dort encore à l'heure matinale, et l'amant, doucement, la surprend et la guette.

Sur ses lèvres closes comme par un sourire, sur les globes blancs de sa gorge que les tendres soupirs du rêve soulèvent lentement, ses lèvres amoureuses se posent et dérobent un baiser.

Elle s'éveille.

Oh ! l'affolant réveil que le réveil sous les baisers.

Baisers dérobés, mais aussitôt rendus ; baisers qui rallument les passionnés désirs et retrempent les cœurs amoureux.

Larcin de baisers dont l'absolution est donnée sous une pluie de caresses !

Le Baiser est encore, parfois, dérobé par ruse : autre tactique du larron amoureux qui dérobera la caresse refusée.

La belle s'est enfuie ; son caprice taquin d'un instant repoussait le baiser auquel il la conviait.

Mais il la guettait, et il a saisi avec adresse et rapidité l'occasion qui s'est présentée.

Elle a tourné un instant la tête et cette seconde a suffi.

Le baiser a volé, rapide comme l'éclair, de ses lèvres aux siennes.

Ce baiser il l'a dérobé, mais elle un jour le lui rendra.

Qui sait si l'amant, refusé ou contenu jusque-là n'éclatera pas sous ce baiser ?

Qui sait si ce n'est pas lui qui le déterminera dans le cœur qui ne l'avait pas encore ressenti ?

Heureux alors et mille fois béni soit le Baiser dérobé, le Baiser qui donne l'amour.

XXX

BAISER DU FIANCÉ

Déjà la nuit tombante avait mis une ombre discrète dans leur coin favori.

Depuis trois mois déjà ils étaient fiancés.

Il était venu tous les jours passer près d'elle quelques heures, et c'était délicieux, ces bavardages d'amoureux sous l'œil complaisant de *maman* couvant d'un regard de tendresse ses deux grands enfants qui s'aimaient, qui allaient bientôt s'unir.

De quoi avaient-ils parlé pendant tout ce temps-là ? de puérilités, de la dernière pièce, du livre nouveau, de ces mille riens qui font le fond de la conversation mondaine ; et, cependant, sous les phrases stéréotypées, perçant sous tous les lieux communs des insignifiants entretiens, reparaissait la phrase magique, le « je t'aime » éternel des amoureux.

Ah ! certes, ils n'avaient pas besoin de la formuler, la divine expression ; elle était dans leurs regards, dans un frôlement de leurs doigts, dans une intonation de la voix.

C'était le lendemain que devait se consacrer leur union, ils ne savaient rien l'un de l'autre sinon qu'ils s'aimaient.

Depuis le jour où, officiellement, il a demandé sa main, elle a songé avec une vague terreur à cet instant qui est maintenant si proche ; un inconscient effroi de l'inconnu mystérieux et charmant la rend presque soucieuse.

Ce sera pour demain ! Demain elle sera la femme de cet homme qui est là, sur une chaise basse, presque à ses pieds, de cet homme qui l'aime, qu'elle aime aussi...

Comment cela s'est-il fait ? elle ne saurait le dire...

Toute sa pensée se concentre sur ce terrible *demain*, avec une affolante obsession. Que lui réserve donc cette journée ! Quelle mystérieuse arcane va-t-elle pénétrer ?

Les yeux à demi clos dans une songerie plutôt douce, elle a laissé glisser sa main. Et cette main *il* l'a prise, l'effleurant d'un baiser discret.

Un frisson la secoue toute..., c'est la première caresse...

Autour de sa taille, un bras se glisse doucement, une délicieuse sensation l'envahit tout entière ; inconsciente, elle obéit à la sollicitation muette qui supplie ; sa tête se penche et, sur ses lèvres, elle sent la brûlure de deux lèvres ardentes.

Ce fut rapide comme un éclair. Elle s'est dégagée presque brusquement de l'étreinte et, d'une voix à peine perceptible, que l'émotion fait trembler encore :

— Demain !... murmure-t-elle.

Demain sera le jour des fiançailles !

Demain !...

Demain elle recevra ce baiser après lequel son amour soupire !

Ce baiser, défendu jusqu'alors, lui sera pour la première fois permis.

Ce baiser du fiancé sera pour elle le prélude du baiser de l'époux.

Il constituera, en quelque sorte, la prise de possession initiale, la première conquête positive de l'amour, la première faveur accordée.

C'est lui ce baiser du fiancé, qui scellera les amoureuses promesses.

C'est par lui qu'elle donnera son consentement.

Lui, en son baiser de fiancé, dira : « Je t'adore ! » et elle par la caresse de ses lèvres, répondra : « Je suis à toi ! »

C'est en ce premier baiser qu'elle se donne, aussi entièrement qu'elle fera plus tard, en l'inoubliable nuit nuptiale.

Le baiser du fiancé est le baptême de l'amour. Le baiser de l'époux sera le renouvellement de ces vœux, la confirmation de cette foi jurée.

Alors, jusqu'à ce jour, jusqu'au don complet d'elle-même entre les bras de son époux, elle conserve le souvenir de ce baiser, le seul baiser d'amour qui l'ait jamais effleurée.

Elle le gardera et jamais son souvenir ne se perdra, pas même plus tard, aux heures tristes et déçues.

Il apportera alors une douleur plus cuisante ou un souvenir consolateur.

Il rendra peut-être l'espoir et avec lui le bonheur !

XXXI

BAISERS D'ÉPOUX

La possession, ce complément forcé de l'amour, modifie sensiblement la saveur du baiser. Après le premier aveu, le baiser d'abord longtemps sollicité, accordé ensuite, avait gardé une certaine nuance de respect timide; sous certaines audaces, il conservait toujours une retenue relative; il se faisait plutôt suppliant et humble.

Mais voilà, pour la fiancée, qu'est arrivé le jour si longtemps attendu du mariage; comme dans un rêve, elle s'est laissée conduire de la mairie à l'église.

Elle s'est donnée.

Elle a maintenant un époux, le fait est accompli.

Ah! le premier baiser du mari!

Quelle différence avec le dernier baiser du fiancé.

Les lèvres s'appuient sur les lèvres avec plus de force, c'est alors la prise de possession véritable.

La loi et Dieu lui-même ont consacré cette union, la jeune femme est désormais liée par la chaîne d'amour dont elle porte au doigt l'unique maillon.

La consécration suprême du mariage, c'est dans le baiser de l'époux qu'elle la trouve; elle a senti passer dans cette première étreinte tous les désirs qu'elle avait devinés seulement dans les baisers d'autrefois; un long frisson secoue tout son être et elle attend dans une émotion délicieuse le second baiser dans lequel, éperdue, elle se donne.

L'ATTENTE DES BAISERS

La lampe veille, l'âtre flambe,
Madame attend son bien-aimé,
Les pieds sur un coussin, la jambe
Hors du long peignoir mal fermé.

Pour peu que l'air batte la porte,
Elle jette un coup d'œil furtif
Vers la pendule que supporte
Un satyre au geste lascif.

BAISER DE FIANCÉS

Au dehors, un ciel de novembre
Où l'or des étoiles pâlit.
La chaleur douce de la chambre
Fait craquer les planches du lit.

Les seins, montant comme deux vagues,
S'enflent sous le tissu léger,
Autour d'elle, les baisers vagues
Semblent doucement voltiger.

Elle pâlit, en proie aux fièvres
De l'amour aux désirs brûlants,
Et déjà monte sur ses lèvres
L'humidité des baisers lents.

Dès ce jour, les baisers se font plus fréquents, ce ne sont plus ces caresses que de longs intervalles espaçaient.

C'est le baiser de chaque jour, de chaque instant du jour. Toujours accueilli avec joie, toujours rendu avec amour, baiser béni pour les heures d'amour qu'il évoque quand les lèvres humides se cherchent.

C'est surtout dans le mariage que le baiser joue un rôle important, car non seulement il alimente l'amour, mais encore il contribue pour la plus grande part à dissiper les nuages qui, parfois, viennent mettre leur ombre sur le ciel bleu de la félicité conjugale.

Combien de fois, pour des motifs futiles,

pour quelque ridicule question d'amour-propre froissé, une brouille légère survient entre deux époux, on se boude; pour rien au monde, ni l'un ni l'autre ne consentirait à demander un rapprochement qu'ils désirent pourtant ardemment tous les deux; mais, fort heureusement, le baiser est là, guetteur, le baiser qui profite de la moindre occasion pour rapprocher les lèvres et les cœurs.

Et qu'ils sont ardents, ces baisers de la réconciliation!... Comme ils rappellent de douces choses, tendre période du premier temps du mariage, et on serait tenté de croire que certains époux ne se fâchent, dans un accord tacite, que pour avoir le plaisir de se réconcilier.

Mais, à côté de son rôle de pacificateur, le baiser souvent est un grand coupable. Oh! coupable non pas au point de vue de l'amour qui purifie tout, mais au point de vue des conventions humaines, des mœurs de la morale courante.

Une des causes les plus fréquentes de désunion dans les ménages, c'est ce principe admis que la femme mariée doit être respectée par son mari, qu'elle ne doit pas être traitée comme une maîtresse.

Que certaines caresses honnêtes doivent être réservées à l'une, tandis qu'à l'autre sont gardées les plus troublantes.

Or, le respect en amour n'a aucune raison

d'être; la femme que l'on respecte, ainsi que l'entend le monde, ignore la plus grande somme des joies auxquelles cependant elle a droit, ces joies qu'elle devine vaguement, qu'elle serait heureuse de connaître, mais que sa pudeur et une fausse dignité l'empêchent de solliciter.

C'est donc à l'homme de se faire éducateur, d'étudier le tempérament de sa compagne et de varier ses caresses d'une façon adroite, pour ne pas amener la satiété.

D'un autre côté, il faut que la femme, si elle veut conserver l'amour de son mari, laisse au seuil de l'alcôve toute timidité, toute contrainte, et suive celui qu'elle aime jusqu'où il veut l'entraîner.

Elle empêchera ainsi le mari d'aller retrouver ailleurs les caresses accoutumées dont il a appris à goûter tout le charme et qui lui sont devenues presque nécessaires.

Le baiser de l'époux ne doit pas différer du baiser de l'amant. Pourquoi donc la femme, par le seul fait qu'elle est mariée, serait-elle privée de jouissances réservées exclusivement à la maîtresse ?

A l'une la froide caresse, pour ainsi dire officielle, à l'autre les nuits folles, les baisers passionnés.

Bien sots sont les maris qui ne savent pas ou qui ne veulent pas jouer auprès de leurs femmes le rôle d'amant, car ils s'exposent à voir des désirs qu'ils n'ont fait qu'éveiller aller demander ailleurs leur réalisation.

Le baiser peut être aussi criminel, quand il s'égare à la suite des amours que la loi réprouve dans l'adultère ou l'inceste ; mais encore là aussi l'amour est la suprême excuse.

Ah! ces baisers coupables, ces baisers de l'adultère, qui ont une saveur si particulière, si attirante, combien ils seraient facilement évités, si l'homme, généralement égoïste, ne voyait pas dans le mariage autre chose que sa satisfaction personnelle ; s'il se disait que sa compagne, elle aussi, a ses aspirations, ses désirs, ses besoins ; s'il s'appliquait à étudier l'instrument qu'il a entre les mains, et comme un musicien qui essaie successivement toutes les cordes, s'il cherchait la sensation qui doit amener la vibration la plus harmonieuse !...

C'est alors que le baiser doit devenir savant, qu'il doit adopter les formes les plus multiples, afin de combattre la satiété fatale et se montrer toujours sous un aspect nouveau.

C'est alors qu'il doit se faire l'agent du désir, et qu'il doit parcourir la gamme entière des nuances.

Il faudrait que la femme puisse se dire après chaque étreinte :

« Ceci est le baiser d'aujourd'hui, quel sera le baiser de demain ? »

XXXII

LES MYSTÈRES DU BAISER

FAUSSE PUDEUR

Pourquoi donc, matrones austère,
Vous alarmer de mes accents?
Vous, jeunes filles, trop sévères,
Pourquoi redoutez-vous mes chants?
Ai-je peint les enlèvements,
Des passions les noirs ravages,
Et ces impétueux orages
Qui naissent au cœur des amants?
Je célèbre des jeux paisibles,
Qu'en vain on semble mépriser,
Les vrais biens des âmes sensibles,
Les doux mystères du baiser.
Ma plume rapide et naïve
Ecrit ce qu'on sent en aimant.
L'image n'est jamais lascive
Quand elle exprime un sentiment.
Mais quelle rougeur imprévue!
Quoi, vous blâmez ces doux loisirs,
Et n'osez reposer la vue
Sur le tableau de nos plaisirs!...
Profanes, que l'amour offense,
Qu'effarouche la volupté;

Là pudeur a sa fausseté,
Et le baiser son innocence.
Ah! fuyez, fuyez loin de nous,
N'approchez point de ma maîtresse,
Dans ses bras quand Thaïs me presse,
Et par les transports les plus doux
Me communique son ivresse,
Thaïs est plus chaste que vous.
Ce zèle où votre cœur se livre
N'est que le masque du moment :
Ce que vous fuyez dans un livre,
Vous le cherchez dans un amant.

DORAT.

(*Les Baisers.*)

XXXIII

BAISERS INNOCENTS

Même sous ses formes les plus innocentes, le baiser est toujours troublant ; ce n'est jamais en vain qu'on sent sur l'épiderme le frôlement de lèvres étrangères, et combien n'a-t-on pas vu naître d'amour, de mariages se conclure à la suite de quelqu'un de ces jeux où le baiser tient le principal rôle.

Jeux innocents, inventions charmantes de l'amour, pièges aimables qu'il tend sachant très bien que le cœur y tombera.

Prétextes à baiser, tous ces petits jeux où les sexes se mêlent, sous l'œil indulgent des parents.

Baiser à la capucine : Un jeune homme, une jeune fille s'agenouillent dos à dos et cherchent à s'embrasser par dessus l'épaule. Ils y arrivent toujours, croyez-le bien.

Les désirs amoureux sont mis en éveil par ce

baiser innocent, car ils trouvent dans les difficultés, dans la lutte, une excitation affriolante.

C'est un jeu où le cœur se prend sans qu'on s'en doute.

On s'en doute bien quelquefois... et même on y aide.

On se plaît à ces agaceries, on s'amuse à cette poursuite.

C'est une lutte joueuse, un tournoi galant dont l'enjeu est le Baiser.

La jeune fille le fait désirer pour y attacher le plus grand prix.

Le jeune homme déploie toute son adresse, toute sa ruse, toute son agilité et, lorsque enfin il l'a conquis, ah! il est bien à lui, ce baiser, et avec quelle ardeur il le savoure!

C'est le prix dû à ses efforts.

C'est la récompense de ses désirs.

Comment ce baiser conquis de haute lutte ne serait-il pas pris de tout cœur?

Pourquoi les lèvres seules y participeraient-elles?

Il y a eu, de part et d'autre, plaisir à le disputer; il y a maintenant plaisir à le prendre et à le donner.

Et puis le vainqueur exigeant demande à le rendre.

La lutte qu'il a soutenue ne mérite peut-être pas ce surcroît de faveur, cette nouvelle récompense qui ne devait pas être décernée; mais c'est la tendresse qu'il y a mise, c'est l'affection dont il paraît être la promesse, ce sont les sentiments nouveaux éveillés par lui qui appellent cette reconnaissance.

Alors le Baiser est rendu.

Et que de fois les baisers innocents deviennent les premiers baisers véritables de fiancés ou d'amants !

Baiser à la religieuse :

Qui se donne à travers les barreaux d'une chaise, mais qui n'en est pas moins un baiser.

Le baiser à la religieuse ne manque pas non plus de charme.

Partout où il y a lutte pour la galanterie, l'amour guette ceux qui prennent part au tournoi.

A travers les barreaux de la chaise, les flèches de son carquois passeront mieux encore que le baiser et si celui-ci effleure à peine la joue, la flèche de Cupidon saura bien chercher le cœur.

Baiser du hasard :

Les quatre dames d'un jeu de cartes sont données à quatre jeunes filles, les quatre rois sont tirés au sort par quatre jeunes gens et chacun a droit à un baiser de la dame correspondante.

Est-ce toujours le hasard qui distribue les cartes?

N'y a-t-il pas parfois quelques complicités ou quelques complaisances?

Une amie connaissait l'état de deux cœurs et elle a su habilement donner aux fiancés de demain les cartes pareilles qui leur permettront l'échange de ce baiser qui, sans elles, n'aurait pas été permis.

Le baiser innocent devient le baiser par connivence.

C'est encore un baiser d'amour !

Baiser trompeur : On feint de vouloir embrasser une personne et on va en embrasser une autre.

Baiser trompeur ?... pas toujours !

On sait bien souvent quelle est celle que l'on va embrasser.

Elle le savait bien aussi, car elle se sait aimée. Est-ce que l'incarnat qui colore sa joue ne le dit pas ?

Les jeux innocents ne furent pour tous deux qu'un prétexte charmant à témoigner l'amour qui déjà, mystérieusement, les unissait.

C'est à la faveur de ces jeux que ce baiser d'amour a pu être publiquement donné et reçu, car sans lui on ne l'eût jamais osé.

Baiser à la pincette : Farce d'un goût douteux qui consiste à se noircir les doigts qui marquent sur le visage de l'embrassé.

Comme c'est toujours le jeune homme qui en est la victime, il n'y a aucun mal.

La femme n'aime-t-elle pas à rire, même de celui qu'elle aime ?

Et d'ailleurs, la petite taquinerie demande une réparation, que la tendresse accorde toujours.

Il faut faire disparaître sur le visage toute trace de maculature.

Avec quelle joie, avec quelle bonheur on s'y prête.

Un baiser n'est-il pas au bout?

Baiser électrique : Une jeune fille est en communication avec une machine électrique, et en même temps que le baiser, celui qui le donne reçoit une commotion.

C'est à ces jeux que l'esprit s'ouvre, que les sens s'éveillent; derrière chaque baiser est embusqué l'amour!

XXXIV

BAISER MATERNEL

La mère embrasse en paix
le fils qui lui sourit.

V. Hugo.

Mais il est surtout un baiser ineffable, le Baiser par excellence, dans lequel passe l'être tout entier, dans lequel il met son âme et son cœur : c'est le baiser de la mère à son enfant.

Avec quel amour, quel tendresse passionnée elle couvre de baisers fous ce cher petit être qui est la chair de sa chair, une parcelle d'elle-même, dans lequel elle va se voir revivre.

Ce n'est pas la fugace caresse qu'un instant de désir appelait, c'est le baiser perpétuel qui ne se lasse jamais, qui ne perd pas un seul instant de sa saveur intense.

Et quelle joie quand le bébé à son tour rend baiser pour baiser, quand sa bouche mignonne se tend sur les lèvres qui s'avancent, quand ses petits bras potelés se serrent autour de sa mère!

Qu'elles sont douces ces étreintes, combien on voudrait les voir durer toujours!

Et quand l'enfant a grandi, quand au lieu du bébé d'autrefois, bégayant, gazouillant, s'essayant aux mots tendres, c'est un grand garçon, à la voix mâle, au visage barbu, moustachu, les baisers de la mère restent les mêmes.

Pour elle c'est toujours l'enfant, le petit qu'elle a bercé, dont elle a tant de fois baisé les délicates chairs roses.

Pour elle il n'a pas changé, il est resté le bébé de jadis, et le restera jusqu'au bout.

A travers le prisme de l'amour maternel, le mirage continue et le baiser de la mère conserve intact son charme et sa douceur.

Il semble que l'âme de la mère passe tout entière dans son baiser, et le cœur le plus insensible ne saurait se soustraire à cette influence mystérieuse qui lie pour la vie l'enfant à celle qui lui a donné le jour.

Et combien n'a-t-on pas entendu, après quelque soir de bataille furieuse, parmi les râles des mourants et les cris des blessés, retentir dans la nuit cet appel désespéré s'échapper de la bouche d'un vieux soldat couché sanglant dans un sillon :

— Maman! maman!

Ce n'est pas à son père qu'il pense à cette

minute suprême, où la mort s'en va fauchant à grands coups, à son père qui ne lui mettait au front qu'un baiser distrait; non, dans une dernière lueur, il revoit la femme aimée qui, tout petit, le portait dans ses bras, et il lui semble encore sentir la tendre pression des lèvres maternelles le couvrant tout entier de baisers passionnés.

BAISER SUR LES LÈVRES

XXXV

LES LÈVRES DANS LE BAISER

LÈVRES DE CARMIN

(Sonnet)

Bouche mignonne, à lèvre rose,
Ouvrage charmant des amours,
Je te vois sourire toujours
Et voudrais seul en être cause.

Ta lèvre est une belle rose
Aux riches feuilles de velours :
Abeille amoureuse j'accours
Butiner cette fleur éclose.

Près de toi le divin bonheur
Vient s'exhalant remplir mon cœur.
Mais une volupté suprême

Serait de rêver sur ton sein
Et murmurer ce mot : Je t'aime!
Baisant ta lèvre de carmin.

MAX-VÉRON.

Est-ce donc seulement le contact de deux lèvres qui donne au baiser toute son entière signification?

Non, sans doute, mais l'imagination apporte à cet acte matériel son contingent d'expression, c'est l'esprit qui le poétise, qui lui donne sa réelle application.

Pourquoi donc les lèvres ont-elles été choisies pour transmettre en quelque sorte mécaniquement des sensations plutôt morales que matérielles?

C'est que les lèvres servent aussi à la transmission de la parole dont le baiser est le complément.

C'est par les lèvres que s'échappe la pensée, ce sont les lèvres qui accomplissent à la fois le rapprochement du cœur et des sens.

Certains voyageurs racontent avoir rencontré chez des peuplades du centre africain une étrange coutume. La, le Baiser est ignoré.

Mais comme ces sauvages ont senti instinctivement le besoin d'une démonstration extérieure venant compléter d'une façon plus tangible leurs sentiments intimes!

Pour manifester leur amitié, ils se frottent mutuellement nez contre nez. Pourquoi?

Parce que, chez les hommes au langage encore rudimentaire, la bouche n'a pas acquis l'importance qu'elle possède chez les peuples arrivés à un certain degré de civilisation.

Et, à ce sujet, qu'on nous permette une anecdote.

Un jour qu'Alain Chartier, le plus célèbre poète et orateur du XIIIe siècle, était assoupi sur un siège, vint à passer avec ses suivantes Marguerite d'Ecosse, femme du dauphin, — qui fut depuis Louis XI.

La princesse s'approcha du poète endormi et lui mit sur les lèvres un baiser.

Alain Chartier était fort laid, et comme les dames s'étonnaient de cet acte de leur maîtresse, tant il leur paraissait étrange, Marguerite leur répondit :

— Je n'ai pas baisé l'homme, mais la bouche d'où sortent tant de mots dorés.

Ce n'était pas là un baiser d'amour, mais un hommage rendu à l'organe transmetteur de l'âme du poète. N'est-ce pas aussi l'imagination seule qui guide le Baiser quand il s'adresse à des objets rappelant des souvenirs chers ?

Le fils baisera pieusement la boucle de cheveux qui lui reste de sa mère; l'amoureux couvrira de baisers ardents un ruban, un gant qui vient de son amie, il mettra ses lèvres sur la lettre qu'il lui écrit et, dans ces marques d'amour prodiguées à des choses inertes, se retrouve tout entier le sentiment qui les dicte.

C'est dans cet ordre d'idées que peut prendre place le baiser qu'on envoie à travers les espaces à un absent bien-aimé!

XXXVI

BAISERS IMPORTUNS

> Le moindre défaut des grands embrasseurs est d'être fort ennuyeux et souvent désagréables ou même inconvenants.
>
> BOITARD.

Si le Baiser par lui-même est une chose charmante, il peut devenir aussi, à certains moments, très importun et même désagréable, quand il est donné sans tact ou dans des conditions défavorables.

Il est évident que, pour que le baiser conserve toute sa saveur, pour qu'il remplisse exactement son but, il faut qu'il y ait, de la part de la personne qui le reçoit comme de celle qui le donne, une certaine attirance l'une vers l'autre.

A quoi bon pour un homme, par exemple, appuyer ses lèvres sur des lèvres qui restent froides, et quelle sensation désagréable ne doit-elle pas éprouver, la femme qui reçoit un baiser d'un indifférent ou même souvent d'un homme qui lui répugne?

Dans certaines circonstances de la vie, à certains anniversaires, à des dates déterminées, il semble que le baiser soit obligatoire, que la femme n'ait pas le droit pour ainsi dire de le refuser.

Si elle se soumet à cet usage, c'est bien souvent à contre-cœur, et il est sage de ne pas abuser de la privauté autorisée par un usage établi, car alors le baiser peut produite chez la femme un sentiment de répulsion fort vif contre la caresse subie, qu'elle considère dans son for intérieur comme une violence.

Il ne faut pas s'exposer après un baiser à voir une femme essuyer la place où se sont posées des lèvres qu'elle n'avait pas appelées.

Même entre amants, même entre époux, le baiser ne doit jamais s'imposer; pour conserver son caractère initial, il doit être désiré, attendu, et, dans aucun cas, ne doit devenir une chose subie.

Bien souvent d'un baiser donné mal à propos sont nées des inimitiés sourdes qui finissent par dégénérer en brouilles véritables et quelquefois même en haine, sans que le véritable motif en soit avoué.

XXXVII

BAISERS FIGURÉS

La poésie devait nécessairement s'emparer du Baiser, qui synthétise si bien toute influence extérieure; le Baiser, c'est la suprême caresse, la réalisation du contact le plus agréable.

Ah! qu'ils ont raison, les poètes, quand ils chantent dans leurs vers *les baisers du soleil, les caresses du zéphir*.

Quand au printemps la nature se ranime, qu'elle a quitté le blanc vêtement dont l'hiver l'avait vêtue, alors que le soleil vient percer de ses rayons vainqueurs les brumes maussades et éclairer comme d'un sourire toutes les choses, ne semble-t-elle pas une fiancée dont le visage s'anime, dont le sein palpite aux premiers baisers de l'aimé, de l'époux de demain?

Et par une de ces douces soirées, qui invitent à l'amour alors que dans l'air attiédi flottent de subtils et grisants effluves, le léger baiser de la brise n'a-t-il pas toute la troublante et mystérieuse douceur du baiser discret de deux lèvres parfumées ?

BAISERS SUR LES LÈVRES

Lorsque, dévoré par la fièvre,
Auprès de toi j'accours espérant l'apaiser,
Pourquoi détournes-tu ta lèvre ?
Enfant ! C'est si bon un baiser !...

On est là, tremblant, hors d'haleine,
Anxieux et troublé par ce charme inconnu
Qui fait que l'on respire à peine
Et que l'on sent, sous son front nu,

Bouillonner ainsi qu'une lave
Un flot de voluptés et d'étranges désirs
Qui fuse jusqu'au cœur et bave
En l'inondant d'âcres plaisirs...

On ne comprend pas... mais qu'importe !
On mord, on égratigne, on frissonne, on bondit.
Et, lorsqu'en l'âme demi-morte
On sent que le bras s'engourdit,

Que la tête lourde retombe,
Et que dans la poitrine, où ne bat plus le cœur,
Se glisse le froid de la tombe,
Alors, inondé de bonheur,

En une étreinte de tigresse
Où l'être tout entier s'abandonne râlant,
On boit la suprême caresse
D'un baiser extatique et lent.

DANIEL.

XXXVIII

AISERS LASCIFS

Chanson grecque de Bilitis
(VIe siècle avant notre ère.)

Je baiserai d'un bout à l'autre les longues ailes noires de ta nuque, ô doux oiseau, colombe prise dont le cœur bondit sous ma main.

Je prendrai ta bouche tendue dans ma bouche comme un enfant prend le sein de sa mère. Frissonne !... car le Baiser pénètre profondément et suffirait à l'amour.

Je promènerai mes lèvres comme du feu, sur tes bras, autour de ton cou, et je ferai tourner sur tes côtes chatouilleuses la caresse étirante des ongles.

Écoute, brune, en ton oreille toute la rumeur de la mer... Muasidika ! Ton regard m'importune. J'enfermerai dans mon baiser tes paupières frêles et brûlantes.

L'EXTASE

Vois, ma Thaïs, cette vigne amoureuse
Se marier à ce jeune arbrisseau;
Vois le lierre embrasser l'ormeau
De sa guirlande tortueuse.
Puissent tes bras voluptueux
Me serrer, m'enchaîner de même!
Puissé-je, par autant de nœuds,
T'enlacer, te presser, te ceindre de mes feux;
Me replier cent fois autour de ce que j'aime,
Et puissions-nous enfin nous reposer tous deux
Dans l'extase du bien suprême
Et ce calme enflammé connu des vrais heureux
Alors, ô ma Thaïs! ni les coupes riantes,
Où la gaîté pétille en bachiques vapeurs,
Ni la pompe des rangs, ni l'éclat des grandeurs
Ne me détacheraient de tes lèvres ardentes.
Anéantis, à force de sentir,
L'œil humide et chargé d'ivresse,
Arrivés à cette faiblesse,
Le dernier degré du plaisir...
La même barque au noir rivage
Porterait sans effort deux amants éperdus.
Et nous y serions descendus
Avant d'avoir soupçonné le passage.

DORAT.
(*Les Baisers.*)

Dans tous les cœurs susceptibles d'aimer, le Baiser règne en maître absolu; il fait partie intégrante de la vie et il en est devenu pour ainsi dire une fonction.

Dès le berbeau il nous accueille sous les lèvres de la mère...

Nous le retrouvons près de la fiancée, dans les bras de l'épouse, et il ne nous quitte qu'à la tombe, alors que nos proches, les êtres aimés dont la mort nous sépare, viennent, pour la dernière fois, effleurer notre front dans un pieux et suprême adieu.

FIN

Table des Matières

FIN DE LA TABLE

OUVRAGES DOCUMENTÉS

ET D'UNE RENOMMÉE UNIVERSELLE
SUR LA PROSTITUTION

PREMIER VOLUME :

LA PROSTITUTION A PARIS

PAR LE

Docteur PARENT-DUCHATELET

Agrégé a la Faculté de Paris

MÉDECIN EN CHEF DE LA PRISON SAINT-LAZARE

Professeur de Clinique a l'Hôpital de la Pitié

MEMBRE DE L'ACADÉMIE DE MÉDECINE

Vice-Président du Conseil de Salubrité de la Ville de Paris

Étude impartiale faite sous le triple rapport de la Santé publique, la Morale, l'Administration, et appuyee de nombreux documents puisés dans les archives de la Prefecture de Police.

Cette nouvelle edition du célèbre ouvrage de PARENT-DUCHATELET, son chef-d'œuvre, forme un beau et fort volume (in-18 jésus), du plus haut intérêt. La réputation de cette puissante étude si vraie, si fouillée, n'est plus a faire : on sait que personne n'a traité avec autant de talent la délicate question de la prostitution, telle qu'elle existe de nos jours dans la capitale française Mieux que personne, d'ailleurs, l'illustre et savant auteur a pu parler avec compétence du monde si complexe des prostituées et des proxénetes, en raison de sa situation toute spéciale qui l'a mis a même de tout connaître et de tout examiner de près. Au surplus, PARENT-DUCHATELET est non seulement un observateur de premier ordre, a qui rien n'echappe, mais encore il conte agréablement des anecdotes dans ce volume, il expose les faits, il explique tout avec autant d'esprit que de bonté; et si son immortel ouvrage ne doit pas, bien entendu, être mis dans les mains des jeunes gens, du moins il peut être lu par les plus honnêtes mères de famille, sans qu'elles en soient heurtées

DIVISIONS PRINCIPALES DE L'OUVRAGE :

Introduction — L'auteur explique la nécessité de son travail, œuvre de plus de vingt années d'observations. Injustice des prejugés.

1. **Questions générales.** — Qu'est-ce qu'une prostituée? — Quels sont les pays qui fournissent les prostituées, et dans quelle proportion chacun d'eux les envoie-t-il à Paris? — Position sociale des familles qui fournissent les prostituées; instruction ou ignorance des prostituées et de leurs familles — Considérations sur l'état-civil des prostituées — Leurs professions avant l'inscription sur les registres de contrôle de la police — Quel est l'âge des prostituées exerçant leur métier a Paris, et depuis combien de temps l'exercent-elles? — Quelle est la cause première de la prostitution?

II. **Mœurs et habitudes des prostituées** -- Opinion qu'elles ont d'elles-mêmes. — Leurs sentiments religieux. — Malgré leurs habitudes et leurs vices, conservent-elles quelque reste de pudeur? — Leur tournure d'esprit et leur caractère — Le tatouage chez les prostituées — A quoi passent-elles leur temps dans l'intervalle de l'exercice de leur métier? — Faux noms pris par la plupart d'entre elles. — Leur malpropreté -- Ont-elles un argot particulier? — Défauts caractéristiques des prostituées. — Leurs bonnes qualités. — Leurs amants et souteneurs, les mariages entre prostituées, ou le vice des tribades. — Différentes classes et catégories de prostituées.

III **Physiologie des prostituées.** — Embonpoint, altération de la voix; particularités relatives à la couleur des cheveux, des sourcils, des yeux; statistique de leur taille — L'état dans lequel se trouvent les parties sexuelles chez les prostituées; questions médico-légales qui s'y rattachent; le clitoris des prostituées; état de leur anus, état de leur menstruation — De la fécondité chez ces filles.

IV. **Les maisons publiques de prostitution** — Conditions principales exigées à Paris pour toutes les maisons de tolérance; divers cas d'empêchement — Désordres qui se produisent parfois dans ces maisons — Changements et mutations qu'elles éprouvent — Les maisons de passe. — Les maisons à parties. — Du mouvement des prostituées — Peut-on et doit-on reléguer les prostituées dans certains quartiers ou dans quelques rues particulières d'une grande ville?

V. **De l'inscription des prostituées.** — Manière dont on procède à cette inscription, sagesse des mesures administratives — De l'inscription des filles mineures — Les réinscriptions, les radiations et leurs diverses causes.

VI. — **Les dames ou maîtresses de maison.** — Ce qu'elles ont été primitivement — Des qualités que l'administration exige de ces femmes; formalités pour obtenir le livret de tolérance — Opinion que ces femmes ont d'elles-mêmes; leur caractère; tournure de leur esprit, nombreux et curieux exemples de pétitions adressées par elles au préfet de police. — Comment elles recrutent les filles dont elles ont besoin; infamie des bureaux de placement pour domestiques et ouvrières — Comment les dames de maisons retiennent les prostituées sous leur dépendance — Haine de celles ci pour les tenancières; petits vols commis par les filles. — Des maris et amants des tenancières. — Des enfants de ces femmes — La domesticité dans les lupanars tolérés — Chances de ruine et de fortune des tenancières. — Définition d'une dame de maison

VII. — **La prostitution clandestine** — Ses causes diverses; ses principaux masques; son action néfaste à la santé publique; difficultés pour l'atteindre et la réprimer. — La prostitution clandestine dans certaines maisons garnies — Comment elle est favorisée par les marchands de vins, teneurs de cafés, taverne, et autres débitants de boissons.

VIII. **Le raccrochage** — Ce qu'il a été autrefois et ce qu'il est aujourd'hui; justes limites auxquelles il doit être restreint.

IX **Les prostituées à Saint-Lazare.** — Comment et pourquoi on les arrête; leur séjour au Dépôt; leur comparution devant la commission administrative. — De la prison Saint-Lazare comme lieu de punition des prostituées, et comme infirmerie spéciale pour le traitement de leurs maladies. — Du moulin à marcher; combien il serait utile de l'appliquer à la répression des délits de la prostitution. -- De quelques habitudes particulières aux prostituées durant leur détention — De la moralisation des prostituées durant leur séjour à Saint-Lazare

X. **Quel est le sort définitif des prostituées?** — Fins diverses des prostituées des différentes classes; nombreux exemples; statistiques officielles. — Les Maisons de Refuge; ce qu'elles sont, et ce qu'elles devraient être.

CONCLUSION. Les prostituées sont-elles nécessaires?

DEUXIÈME VOLUME :

LA SYPHILIS

ET LES AUTRES MALADIES VÉNÉRIENNES CHEZ LES PROSTITUÉES DE PARIS

PAR LE

Docteur PARENT-DUCHATELET

Sous ce titre **VENUS DEVANT ESCULAPE**, le docteur GRANDIER-MOREL a écrit, comme préface à cette nouvelle édition, une étude des plus complètes et de la plus saisissante actualité. Avec statistiques à l'appui, la marche de l'affreuse syphilis est montrée croissante ou décroissante, selon que la surveillance de la prostitution se relâche ou est rétablie dans les Etats qui ont fait cette triste expérience. De nombreuses pages, qu'on ne peut lire sans une émotion poignante, sont consacrées aux innocentes victimes de la syphilis, aux ravages du fléau dans les familles aux mœurs les plus pures, ce terrible mal étant contagieux en dehors des rapports sexuels. Ce livre est donc une œuvre de bien, de haute moralité, avec toute la liberté de style qui est le privilège de la science médicale, laquelle sait toujours demeurer chaste, même en appelant les choses honteuses par leur nom. En passant, les divers incidents qui ont été reprochés à la police sanitaire, sont exposés impartialement, dans tous les détails, et le lecteur peut juger ainsi qui a tort et qui a raison :

La Vierge du lupanar de Rueil; l'affaire Lucie Bernage; l'affaire Eugénie Lantru; l'affaire Marie de Sébastiani, etc., etc.

POUR LES MÉDECINS. — Cet ouvrage se recommande particulièrement comme étant le fruit des observations de l'éminent praticien qui a étudié et soigné PLUS DE CINQUANTE MILLE PROFESSIONNELLES DE LA DÉBAUCHE, ATTEINTES DE MALADIES VÉNÉRIENNES. Les différents cas sont écrits avec autant de clarté que de minutieuse précision, et classés méthodiquement, sans négliger aucune des maladies (non contagieuses) des organes génitaux de la femme, auxquelles les filles galantes sont principalement exposées, soit par l'exercice de leur métier, soit même à cause des excès de beaucoup d'entre elles dans leurs passions contre-nature.

POUR LES GENS DU MONDE. — L'honnêteté profonde de ce livre leur rendra service, en leur montrant, dans la plus vive lumière, tous les dangers des oublis de leurs devoirs; ils verront quel est fatalement, et en général, surtout dans la prostitution clandestine, le déplorable état de santé des prêtresses de l'amour vénal. RIEN N'EST PLUS ÉDIFIANT QUE CES COMPTES RENDUS D'INNOMBRABLES EXAMENS AU SPÉCULUM. Ajoutons que l'illustre auteur, ne perdant jamais de vue l'intérêt général de l'humanité, a néanmoins pitié de toutes les victimes du mal vénérien, et qu'il a soin, tout en condamnant énergiquement le vice, d'indiquer, pour chaque cas, les remèdes les plus sûrs et les plus pratiques, éprouvés par une longue expérience.

Avis important. — Ainsi qu'il est facile de le comprendre, le sommaire détaillé de ce second volume ne peut pas être imprimé dans un Catalogue qui est exposé à tomber entre les mains de jeunes gens; le plus simple aperçu des chapitres serait ici de trop. Nous le passons donc sous silence. Disons toutefois qu'on trouvera ce sommaire détaillé à la fin du 3e volume de la collection des ouvrages documentés : *Voyages d'étude physiologique chez les Prostituées des principaux pays du globe.*

TROISIÈME VOLUME :

LE PÉLERIN DE CYTHÈRE

VOYAGES D'ÉTUDE PHYSIOLOGIQUE

CHEZ LES PROSTITUÉES DES PRINCIPAUX PAYS DU GLOBE

Extraits et résumé de la relation encore inédite des voyages effectués de 1885 à 1897, tour du monde par l'explorateur V. GUILBERT DE PRÉVAL recueillis et publiés avec son autorisation

PAR LE

Docteur GRANDIER-MOREL, ancien Médecin de la Marine.

Il est peu d'ouvrages d'un intérêt aussi vif. En tout cas, aucun n'est semblable à celui-ci ; car personne ne pouvait entreprendre le tour du monde de la prostitution contemporaine, si ce n'est M. Victor Guilbert de Preval, le petit-fils du fameux docteur-régent de la Faculté de médecine de Paris, qui, après avoir découvert la prophylaxie de la syphilis, garda son secret, à la suite des persécutions dont il fut l'objet. Grâce à ce secret de famille, M. Guilbert de Préval a pu affronter tous les dangers que présente Vénus galante ; aussi son exploration est-elle unique dans les fastes de l'humanité.

Toutes les prostitutions ont été étudiées de près par lui, même celle des régions boréales; un chapitre entier est consacré, en effet, à la prostitution hospitalière des Esquimaux, ces représentants de la race humaine qui habitent le plus près du pôle Nord.

La plus stricte impartialité inspire ces pages, et les vices protestants de Londres et de Berlin sont entièrement démasqués, comme la débauche catholique de Rome.

Chacun de ces trois ouvrages, beau volume de 360 pages, est expédié franco par la poste, en paquet recommandé, contre mandat de **2 fr. 50.**

MÊME SÉRIE. — OUVRAGES EN PRÉPARATION :

La Prostitution à travers les siècles, son histoire complète chez toutes les nations depuis les temps anciens jusqu'à nos jours, d'après les documents authentiques, par le docteur GRANDIER-MOREL, ancien médecin de la Marine. — Cet ouvrage, de la plus grande importance, sera en plusieurs volumes, dont chacun se vendra séparément. Chaque volume, in-18 jésus de 360 pages, au prix de 2 francs. Franco et recommandé par la poste.. 2 fr. 50

Le premier volume donnera l'historique complet de la prostitution dans les pays suivants : Chaldée, Arménie, Syrie, Phénicie, Lydie, Parthes et Amazones, Perse, Egypte, Palestine, Grèce. La prostitution dans la Grèce ancienne formera la partie la plus importante de ce volume, qui, en outre, contiendra en appendice les **Dialogues des Courtisanes** et l'**Ane d'Or.**

La Prostitution en province, en Algérie et Tunisie, par le docteur GRANDIER-MOREL. Un volume in-18 jésus.... 2 fr. »

Le Code des Femmes, Droit des femmes dans le droit français, par P. Roué, avocat, Directeur du *Journal-Avocat.* 5 fr. »

Bien que répondant à une inspiration plutôt classique et pédagogique, puisqu'il est l'expression du cours de droit féminin professé par l'auteur devant une association féministe, le **Code des Femmes** a su éviter toute dissertation trop aride, sa lecture n'est jamais pénible; ses pages, très variées, contiennent même nombre de passages attrayants. On jugera d'ailleurs de l'ensemble par l'énoncé des chapitres

CHAPITRE PREMIER **La femme majeure et célibataire. — II. La femme dans l'union libre. —** III. **Mariage :** La femme et le mariage; émancipation. — IV. **Mariage.** Incapacité; autorisation maritale — V. **Mariage :** Contrats de mariage. — **VI. Mariage :** Femme contractuelle; apport franc. — **VII. Maternité :** Conception; légitimation et reconnaissance d'enfants naturels. — **VIII. Veuvage :** Deuil; veuve mineure. — **IX. Séparations :** Séparations de corps et de biens. — **X. Commerce :** Femme commerçante. — **XI. Droit criminel :** La femme et la culotte. — **XII. Nationalité de la femme mariée.**

Les Codes français, contenant : Le Code civil, le Code de procédure civile, le Code de commerce, le Code d'instruction criminelle, le Code pénal, le Code forestier.

Nouvelle édition contenant la législation actuelle sur le Divorce. (Loi du 19 juillet 1884). La nouvelle loi sur les Faillites et la loi Militaire du 15 juillet 1889. 1 fort vol. cartonné. 4 fr. »

L'Indispensable Guide en Affaires. Commentaire des Codes civil, commercial et rural. Formulaire complet des actes sous seings privés. Ouvrage mis à la portée de tout le monde et suivi d'un Secrétaire à l'usage des commerçants. Nouvelle édition augmentée des dernières lois votées par F. J. Clément, agréé au Tribunal de Commerce. 1 fort vol.. 4 fr. »

Le Secrétaire de tout le monde, ou la *Correspondance usuelle.* Ouvrage entièrement refondu et augmenté, contenant : Les instructions sur le service des postes et des télégraphes, des modèles de lettres, des pétitions, des formules d'actes usuels tels que : achats, ventes, dépôts, baux, procurations, marchés. Et terminé par un cours de comptabilité simplifiée par E. Hocquart. Nouvelle édition. 1 fort volume.............. 4 fr. »

Le Grand et Infaillible Oracle des Dames, ou le *Conseiller du beau Sexe,* donnant plus de 3000 réponses à près de 200 questions, par Étienne Ducret. 1 fort volume in-12...... 3 fr. »

La seule et vraie Clef des Songes, donnant des interprétations modernes d'après des Oracles anciens, par Raphael Olivarius. Illustré de 50 gravures, par Draner. 1 fort vol. in-12. 3 fr. »

La double Clef des Songes, ou l'ancienne et la nouvelle interprétation d'aneiromancie, réunies par Halbert d'Anger. 1 volume in-18...................................... 2 fr. »

Le quadruple Oracle des Dames et des Demoiselles, ou la *Vérité obtenue suivant toutes les règles de la divination ancienne et moderne,* par Halbert d'Anger. 1 volume in-18... 2 fr. »

Académie des Jeux. Contenant les règles, principes et combinaisons des principaux jeux de cartes, des échecs, billard, dames, dominos, tric-trac, jacquet, etc. 1 vol. in-18. 2 fr. »

OLLECTION ANTI-CLÉRICALE

Bible Amusante, par Léo Taxil, avec *quatre-cents* dessins comiques de Frid'Rick.

Cet ouvrage célèbre est mis en vente sous forme de grande édition, format in-octavo écu, beau volume de 824 pages. En dehors de 400 spirituels dessins qui sont, a eux seuls, une critique aussi joyeuse que complèt des divers épisodés bibliques, cette édition contient un texte très developpé (vingt mille lignes), comprenant les citations textuelles de l'Ecriture sainte (avec indication des versets) et reproduisant **toutes les réfutations** opposées par **Voltaire**, Freret, lord Bolingbroke, Toland et autres savants philosophes Cette œuvre considérable, où l'auteur s'efface derrière tous les illustres critiques, en groupant tous leurs arguments et en les complétant par ses observations personnelles, est d'une importance capitale qui n'echappera a personne. C'est la un travail tout a fait nouveau, des plus instructifs, en même temps que d'une lecture agréable.

Le prix de vente de ce magnifique volume est de **cinq francs.**

a Vie de Jésus, par Léo Taxil. Un fort volume illustré de 50 dessins comiques, du celebre caricaturiste Pépin. Même format que la *Bible Amusante*, et son pendant, pour toute bibliothèque philosophique.............................. 4 fr. »

De l'avis général, cet ouvrage est le chef-d'œuvre du joyeux écrivain, sa verve y est intarissable : mais, a côté de chaque plaisanterie moqueuse, se trouve la démonstration, a la fois sagace et erudite, des contradictions et des bourdes commises par les inventeurs et exploiteurs du mythe Jésus-Christ On s'instruit en s'amusant · Leo Taxil vous fait toucher du doigt la bêtise de chaque légende, en citant avec précision les chapitres et les versets de l'Evangile, si bien qu'on découvre gaiement avec lui tout le côte grotesque de chaque dogme toutes les impossibilités des pretendus faits miraculeux ou soi-disant historiques, imaginés par les prêtres, et l'on s'étonne du degré d'abrutissement des pauvres dupes qui peuvent croire à ces sornettes religieuses, aussi immorales que stupides. On ne saurait trop recommander cet ouvrage, qui est excellent pour la propagande.

es Livres secrets des Confesseurs, dévoilés aux Pères de famille, par Léo Taxil.............................. 2 fr. »

Cet ouvrage reproduit les principaux livres et manuels qui sont en usage dans les grands séminaires et au moyen desquels les jeunes abbes s'instruisent des questions les plus délicates Ce sont ces manuels secrets, ayant pour auteurs . le R. P Debreyne, Mgr Bouvier, Mgr Claret, etc , que les évêques ont toujours dérobés a la vigilance des gouvernements; car ces livres sont la preuve flagrante de l'enseignement abominable des séminaires et de l'horrible immoralité du confessionnal

e Capucin enflammé, roman comique, par le R. P. Alleluia. de l'Ordre de la Sainte-Rigolade, 1 volume illustré. 3 fr. 50

e Couvent de Gomorrhe, par Jacques Soufrance, roman historique. Mœurs abominables et mystères horribles des communautés religieuses. Illustré.............................. 3 fr. 50

e Moine incestueux, orgies des couvents, par Edmond Ploert. Un volume illustré.............................. 3 fr. 50

ettres amoureuses d'un Ignorantin à son élève. La mère en défendra la lecture à sa fille, et même le père à son fils. Un volume.............................. 2 fr. »

a Belle Dévote, par Jean Vindex, roman passionnel; couverture illustrée par Jack Abeille.............................. 3 fr. 50

Confession d'un Confesseur, par Gustave Ethber. A tous les maris! A tous les pères de famille! Qui veut faire l'ange, fait la bête. Un beau volume illustre.................. 3 fr. 50

Les Amours d'un Supérieur de Séminaire, par Achille Le Roy. Un volume illustré.................................. 3 fr. 50

L'Alcôve du Cardinal, par Jean Vinden. Un fort volume illustre de nombreux dessins, dans lequel l'auteur devoile toutes les turpitudes et les mensonges du clergé; couverture illustree en couleurs.................................... 3 fr. 50

Les Débauches d'un Confesseur, par Jean Pauper, suivies des **Galanteries de la Bible,** par Evariste Parny. Fort volume illustré par Lacabrière, couverture coloriée......... 3 fr. 50

OUVRAGES DE SCIENCE SPÉCIALE

Ne pouvant être vendus par les Libraires qu'à des personnes d'âge mûr, et que l'acheteur doit tenir prudemment cachés au fond de sa bibliothèque.

Le Kama Soutra, ou *Règles de l'Amour* du Vatsyayana (morale des Brahmanes), livre secret de theologie hindoue, traduit par E. Lamairesse, ancien ingenieur en chef des établissements français dans l'Inde. Beau volume in-8 grand raisin, de 296 pages.................................. 6 fr. »

Le Prem Sagar, ou l'*Océan d'Amour,* autre livre secret de theologie hindoue, traduit par E. Lamairesse. Beau volume in-8 grand raisin, de 400 pages.......................... 6 fr. »

El Ktab, ou *Lois secrètes de l'Amour,* d'après le Kodja Omer Haleby, habou Othman; livre secret de théologie musulmane, traduit avec commentaires par Paul de Regla. Beau volume in-8 grand raisin, de 288 pages..................... 6 fr. »

Rauzat-us-Safa, ou *le Jardin de Pureté,* constituant la Bible de l'Islam (ne pas confondre avec le Coran), histoire sainte selon la foi musulmane, autre livre secret de theologie musulmane, exclusivement réserve aux prêtres de la religion de Mahomet, par Mirkhond, auteur sacré de la Perse, traduit par E. Lamairesse. Beau vol. in-8 grand raisin de 360 pages. 6 fr. »

Ces 4 volumes sont en vente. Envoi recommandé contre mandat-poste de **SEPT FRANCS.**

ROMANS DE MŒURS ET D'AMOUR

Les Amours de Napoléon III, mémoires justement célèbres de Marguerite BELLANGER, sa maîtresse............ 3 fr. 50

Cet ouvrage, complet en un volume, très artistiquement illustré par Léon ROZE (30 dessins), ne saurait être mis entre toutes les mains, quoiqu'il soit la reproduction fidèle de l'édition originale de 1883. Personne, en effet, ne fut mieux placée que Marguerite Bellanger, « la Pompadour du dernier Empereur », pour raconter la vie de débauche du César et de sa cour.

Les Amours du Chevalier de Faublas, l'immortel chef-d'œuvre de LOUVET DE COUVRAY. Reimpression complète conforme à l'édition de 1787. Illustré de nombreux dessins inédits, couverture en couleurs. Complet en 3 vol. Ensemble.. 3 fr. »

Ce roman, à jamais célèbre, écrit par Louvet quelques années avant de devenir président de la Convention Nationale, est un de ces livres ingénieux où le talent de l'auteur fait pardonner toutes ses hardiesses Le jeune héros Faublas est, en effet, le type de la légèreté amusante, de l'immoralité de bon ton, recouverte d'un délicieux vernis ; c'est le vice paré de toutes les grâces de l'esprit Histoire d'alcôves et de boudoirs, où passent les grands seigneurs et les bourgeois, les soubrettes et les duchesses, les magistrats et les mousquetaires, ce roman est la plus fidèle et la plus curieuse peinture des mœurs frivoles du XVIIIe siècle, et comme tel il constitue un document précieux, en même temps qu'il offre une lecture extrêmement intéressante. En un mot, Faublas est l'idéal de la débauche aimable, selon la définition très juste de Philarète Chasles, et sous cet idéal on reconnait une invention heureuse, des ressorts déliés, adroits et bien agencés ; on est étonné de la multitude des ressources et des combinaisons neuves que l'auteur a sous la main, des situations comiques et originales qu'il sait amener, de son talent dramatique pour faire ressortir les caractères. L'action est pleine de feu vingt personnages et cinq ou six intrigues s'y mêlent, s'y croisent, et, au lieu de se gêner, se renvoient mutuellement la lumière. Le style est pur, souple, facile, et ne tombe jamais dans la trivialité. Dans cet inimitable chef-d'œuvre, singulier mélange de tendresse volage, d'ivresse des sens et d'imaginations follement plaisantes, Louvet a su heureusement couvrir le dégoût qui s'attache à toute dépravation, par le charme et la variété des scènes, par le piquant du dialogue et par la justesse des tons.

Amours et Aventures de Casanova, nouvelle édition en un vol. illustré ; belle impression ; gravures artistiques. 3 fr. 50

Il ne s'agit pas ici d'un roman, mais des mémoires authentiques d'un aventurier des plus fameux. C'est une vie d'extravagances libertines, dont le récit jette un jour étrange sur une époque presque aussi dissolue que le temps des Tibère et des Héliogabale Joueur et spadassin, Casanova avait auprès des femmes des qualités étonnantes, a dit Jules Janin ; il les aimait toutes, en roulant de vices en vice, et souvent côtoyant le crime Don Juan, malgré sa liste célèbre de conquêtes, est terriblement dépassé par ce drôle cynique, parasite d'une société pourrie. Ses MÉMOIRES sont un vrai document

L'Amour à Paris, par Jules DAVRAY, un volume in-18 de 220 pages avec 20 dessins de L. VALLET de la *Vie Parisienne*, de Jose ROY et de FORAIN. Curieux volume donnant des aperçus inconnus sur la vie des femmes galantes à Paris, couverture illustrée et coloriée.......................... 3 fr. 50

L'Armée du Vice, par Jules DAVRAY, un volume in-18 Jésus, illustré de nombreux dessins par nos meilleurs artistes. Superbe volume de l'auteur de l'*Amour à Paris*, donnant tout les renseignements sur le vice et ses pratiques, ses prêtres et ses prêtresses, documents rares et inédits......... 3 fr. 50

Les Vierges fin-de-siècle, par Jean BRUNO. Un beau volume de 370 pages, couverture en couleur par LACARRIÈRE. 3 fr. 50

Ce roman, dans lequel l'amour honnête lutte à chaque page contre la passion inspirée par une courtisane et où l'on voit une femme outragée ne reculer devant aucun forfait pour arriver à satisfaire sa vengeance, est une histoire vraie qui a inspiré à l'auteur ses pages les plus pathétiques et les plus terribles.

La Jolie Faubourienne, par Charles BÉRARD, beau volume de 252 pages, illustré de douze compositions et de nombreux dessins inédits.................... 3 fr. 50

La lutte pour la vie est terrible chez les humbles et les faibles, et lorsqu'une femme est pauvre et jolie, les embûches tendues autour d'elle sont innombrables. Tout le monde s'intéressera donc aux aventures de la JOLIE FAUBOURIENNE, cette jeune fille livrée à elle-même et se débattant au milieu des écumeurs parisiens. Ce livre d'amour et de passion contient en outre de curieuses observations sur un certain monde qu'il est utile de connaître pour s'en méfier.

Les Prostituées du Trône, grand roman historique de cape et d'épée, par Emile LAUMONT. .... 3 fr. 50

Afin d'augmenter l'attrait de ce volume d'un intérêt mystérieux et puissant, qui ne contient pas moins de 396 pages, l'éditeur y a placé de nombreux dessins inédits signés D. Mulle, formant une véritable illustration artistique que les amateurs désireront conserver.

Madame Mathurin, par Jérôme MONTI. Œuvre de haute valeur littéraire, qui fit grand bruit lors de son apparition, il y aura bientôt dix ans, et poursuivie devant la Cour d'assises de la Seine.................... 3 fr. 50

C'est à travers des péripéties multiples, tantôt gaies et tantôt tristes, que se déroule cette histoire de mœurs parisiennes.

Miserere, par Jérôme MONTI. Un beau vol. 276 pages. 3 fr. 50

Dans ce beau roman, l'auteur, avec un rare esprit d'observation, nous fait envisager la femme sous un point de vue qui, convenant à sa nature, convient aussi à nos plaisirs; c'est une rare et belle étude du cœur humain.

Babylone d'Allemagne, (*Mœurs berlinoises*), par Victor JOZE. Un volume illustré de nombreux dessins de BAC, LUBIN DE BEAUVAIS, etc., couverture en couleurs de TOULOUSE-LAUTREC.................... 3 fr. 50

L'Amour en Visite, par Alfred JARRY, roman d'aventures amoureuses, illustré de nombreux dessins hors texte, couverture en couleurs de D. MULLER.................... 3 fr. 50

Les trois Cocus, roman comique, par LÉO TAXIL. Nouvelle édition, illustrée de 281 dessins des plus amusants par le célèbre caricaturiste PÉPIN. Beau volume de 400 pages..... 3 fr. 50

Voulez-vous opérer un miracle? De l'avis de tous ceux qui ont lu ce roman avec Les Trois Cocus, on ferait rire un mort... Essayez!

Croquis du Vice, par G. BRANDIMBOURG. Ce beau volume, dont la couverture est de STEINLEN, contient en outre une composition de HEIDBRINCK. Nombreuses illustrations par RADIGUET, D'ESPAGNAT et D. MULLER.................... 3 fr. 50

Le CROQUIS DU VICE est une des études les plus documentées sur les vices de Paris, on pourrait même dire sur les vices de Province; car l'auteur, avec son talent bien connu, passe en revue tout ce dont la névrose moderne est coupable, — ce qui n'est pas peu dire.

L'Arrière Boutique, par Georges BRANDIMBOURG, roman de mœurs parisiennes, couverture de REDON, belles illustrations de JACQUES et D. MULLET .... 3 fr. 50

Un des plus curieux romans de mœurs qui pour théâtre a l'ARRIÈRE-BOUTIQUE de ces magasins interlopes. Il se dégage pourtant de ces pages une idylle jeune et fraîche, un amour si doux, si tendre, que la femme la plus froide voudra se réchauffer à la lecture de ce roman.

Le Fils de l'Assassin, par Auguste VILLIERS. Un volume in-18, couverture illustree coul., 30 dessins; 288 pages..., 3 fr. 50

Roman moral et philanthropique, offrant un moyen de relever et de protéger les enfants des condamnés.

Les Reines du Trottoir, par Aug. VILLIERS et A. DEVANCAZE, curieuse et attachante étude sur la prostitution, les bas-fonds de Paris, et les repaires de souteneurs. Un beau volume de 252 pages, illustré de 30 dessins et 15 en-tête de chapitres et culs-de-lampe par LACARRIÈRE et JOANÈS, avec couverture coloriée.. 3 fr. 50

Messieurs les Alphonses, (suite aux *Reines du Trottoir*), des mêmes auteurs; récit impressionnant sur les meurtres, vols et guet-apens commis par les souteneurs et les filles. Etude de mœurs réaliste. Un superbe volume de 276 pages, illustré de plus de 30 dessins de nos meilleurs artistes, avec couverture illustree et coloriée................................ 3 fr. 50

Minette (*Histoire d'une jeune fille sage*). Titre chaste, illustrations plus que drôles .... 3 fr. 50

Cette belle Minette est une héroïne à la Paul de Kock. Elle se tire fort adroitement d'un tas d'aventures burlesques et galantes et arrive à l'honnêteté conjugale fièrement, ainsi qu'un bon jeune homme ayant jeté sa gourme. On ne recommande pas ce livre aux jeunes filles à marier (il y en a beaucoup qui le trouveraient trop naïf).

Cœur immolé, par Louis LATOURRETTE. Un magnifique volume de luxe; illustré de 4 lithographies hors texte, couverture illustrée de Jack ABEILLÉ.............................. 3 fr. 50

Roman de mœurs contemporaines, étude approfondie et captivante que voudront lire tous ceux que passionne la belle littérature.

Fille ou Femme, par Antonin RESCHAL. Un volume, imprimé sur papier de luxe et orné de nombreuses illustrations de DENIZOT, couverture illustrée.............................. 3 fr. 50

Roman de mœurs parisiennes dans lequel l'auteur a su décrire d'une façon merveilleuse les dessous du cœur humain.

La Jolie Cigarière, par Marc MARIO. Grand roman de drame et d'amour, illustré de nombreux dessins. Couverture en couleurs.. 3 fr. 50

L'Amour et les Baisers, par Paul DE SAINT-MERRY, un beau volume illustré de nombreux dessins, couv. en coul. 3 fr. 50

Au Temps d'Amour, roman émouvant, par Paul ROUGET; couverture de Maurice NEUMONT.......................... 3 fr. 50

Cabotines d'Amour, par Lucien DESTELLE, récits intéressants, lestement contés et simplement exposes, initiant le lecteur à la vie d'une ballerine de café-concert. Un beau volume in-18 jésus de 252 pages, orné de nombreux dessins de LAGARRIÈRE, ROB-ROY et ROCHER, couverture illustrée et coloriée. 3 fr. 50

Fleur de Chair, par Frédéric DARGENTHAL, un beau volume de 252 pages, illustré de nombreux dessins inédits. Roman de mœurs. Aventures mouvementées d'une paysanne devenue cocotte. Scènes de la vie parisienne; couverture illustrée et coloriée.. 3 fr. 50

Marchande d'Amour, *Maison Rosine*, par Jean BRUNO. Roman d'études initiant les lecteurs aux mystères des maisons de rendez-vous; beau volume inedit de 252 pages, illustre de nombreux dessins de Léon ROZE; couverture en couleur de Victor SPAHN.. 3 fr. 50

Les Enfants d'une Gueuse, *Maison Rosine* (suite de *Marchande d'Amour*), par J. BRUNO. Roman tragique de mœurs réalistes, illustré de 30 dessins inédits de Léon ROZE; couverture illustrée en couleur.. 3 fr. 50

La Cantharide, par V. JOZE, roman de mœurs franco-américaines; couverture en couleur de Jack ABEILLÉ.... 3 fr. 50

Paris-Gomorrhe, mœurs du jour, par Victor JOZE; dessins de Jack ABEILLÉ, Paul BALLURIAU, Georges EDWARD, LUBIN DE BEAUVAIS, Luc LEGUEY, MALATESTA, Maurice NEUMONT, D. GALOP, couverture en couleur........................ . 3 fr. 50

Franc-Cœur, par Ange REBELLE. Un volume, avec illustrations d'Alphonse GALLAIS.. 3 fr. 50

Le Vice en Algérie, par Marcel DEBIEFS. Un volume illustré de nombreux dessins de CLAVERIE; couv. coloriée..... 3 fr. 50

Curieuse étude de mœurs civiles et militaires de l'Algérie contemporaine.

Au Harem, par Emile DESCHAMPS. Mœurs orientales. Souvenirs vécus d'amour au Harem. Un charmant volume illustré de deux compositions de L. TENAILLE........................ 3 fr. 50

Petit Zouzou, par Marc MARIO. Roman milit. 1 vol. 3 fr. 50

Mariage forcé, par Marc MARIO. Roman de mœurs. 3 fr. 50

Une Histoire d'Amour, par Paul MARIETON. Un beau volume de 265 pages.. 3 fr. 50

George Sand! Alfred Musset! qui ne connait ces deux célébrités littéraires? Ce livre raconte l'histoire aussi seriée que possible, de l'attachante aventure d'amour qui unit ces deux grands écrivains depuis leur rencontre jusqu'à leur séparation

Naïs Vivette, par René DUBREUIL, roman de mœurs, passionnant et attachant. Un magnifique volume sous couverture illustrée et 4 lithographies hors texte de DILLON........ 2 fr. »

La Belle Simonne, par L. DESSAIGNE grand roman d'amour et d'espionnage; illustre de 110 compositions de LUDOVIC. L'ouvrage complet en 7 volumes. Ensemble............ 10 fr. »

L'Amour de Marguerite. Roman contemporain, par Gaston ROUTIER.. 3 fr. 50

Une Inassouvie, par Antonin Reschal, Roman de mœurs galantes emprunté à la classe populaire parisienne. 1 beau volume in-18 illustré.......................... 3 fr. 50

La Débauche, par Louis Besse. Grand roman de mœurs parisiennes. Couverture en couleurs de Roedel........ 3 fr. 50

Le Désir, par Georges Rouxel. Roman de mœurs. 1 volume in-18 illustré par Henri Poublan.................. 3 fr. 50

À rebrousse-poil, par Paul Erio. Nouvelles désopilantes. 1 volume in-16 illustré.............................. 3 fr. 50

Les Errants terribles, par Jean Laurenty. Roman contemporain. 1 volume.............................. 3 fr. 50

L'Enfer, par Edouard Conte. Roman de mœurs contemporaines du journalisme. 1 volume.................. 3 fr. 50

Criminelle Passion, par Marie-Denise Marinot. 1 vol. 3 fr. 50

Dégénérés, par Michel Provins. Comédie en trois actes. 1 volume.. 3 fr. 50

Le Nombril de M. Aubertin, Léo-Trézenik. Couverture en couleur de Maurice Neumont...................... 3 fr. 50

Gerbe de Chrysanthèmes, par René de La Mérillerie. Beau volume; couverture illustrée par Poulbot.......... 3 fr. 50

Le Rachat, par Henri Datin; beau volume......... 3 fr. 50

Amour Brésilien, par Marie-Denise Marinot. Curieux roman de passion exotique. Couverture en couleur. Très beau volume.. 3 fr. 50

Ce roman, où l'amour vibre avec une puissance inouïe, passionnera bien des cœurs; situations tragiques et solutions voluptueuses du Mal d'Aimer.

Le Trèfle à quatre feuilles, par Louis Morosti. Esquisses contemporaines d'un vif intérêt. Beau volume...... 3 fr. 50

COLLECTION ORCHIDÉE :

Cri-Cri, par Jeanne Landre, roman passionnel, orné de 30 illustrations hors texte. 1 volume...................... 3 fr. 50

Suprême étreinte, par Victorien du Saussay. Roman passionnel, illustré par la photographie d'après nature. 1 vol. 3 fr. 50

Les Hétaïres, par Paul Burani. Roman historique et passionnel. 1 volume.................................. 3 fr. 50

Mademoiselle Chloë, par Armand Silvestre. 1 vol. 3 fr. 50

Jeune fille avec tache, par Victorien du Saussaye; avec préface de Felicien Champsaur. 1 volume............ 3 fr. 50

La Chair qui aime et la Chair qui tue, par Marc de Montifaud. 1 volume.............................. 3 fr. 50

Le Tombeau des Vierges, par Jean de la Hire. 1 vol. 3 fr. 50

Demi-Volupté, par Ernest La Jeunesse. Roman parisien. 1 volume.. 3 fr. 50

Stradella. **Le Musée secret.** Ouvrage illustré. 1 vol. 3 fr. 50

OUVRAGES DIVERS

La Puissance des Ténèbres, par le comte TOLSTOI. Drame en cinq actes, 1 volume........................... 3 fr. 50

Journal d'un Vaincu, par Pierre DE LANO. Souvenirs vecus sur la Commune. 1 volume........................... 3 fr. 50

L'Empereur Napoléon III, par P. DE LANO. 1 vol... 3 fr. 50

Léonarda, par BJORNSJERNE BJORNSON............... 3 fr. 50

La Formation des Mondes, par Eug. TURPIN. 1 volume illustré; portrait de l'auteur et nomb. fig. hors texte... 3 fr. 50

Le Charriot de Terre cuite, Victor BARRUCAND. Traduit de l'Indien. Pièce en cinq actes. 1 volume.... .... 3 fr. 50

La Société des Concerts du Conservatoire de 1828 à 1897. Les grands Concerts symphoniques de Paris, par A. DANDELOT.. 3 fr. 50

La Russie politique et sociale, L. TIKHOMIROV.... 3 fr. 50

Le Théâtre moderne en Danemark, Vicomte DE COLLEVILLE et FRITZ DE ZEPELIN. Edouard Brandès............ 3 fr. 50

Grands Hommes en Robe de Chambre : Nos célébrités intimes, par Charles Buet. 1 volume.................. 3 fr. 50

Les Filles du Commandant, par Jonas LIE... .... 3 fr. 50

Comédies du XVIIe siècle, introductions et notes, par Martel TANCRÈDE.. 3 fr. 50

Les Visionnaires La Sœur Don Japhet d'Arménie Le Pédant joué. La Mère Coquette.

La Terreur à Paris, par F. BOURNAND. Préface par Armand SILVESTRE.. 3 fr. 50

Les Dialogues des Courtisanes, chef-d'œuvre de Lucien de SAMOSATE, traduction de P. Gilquin. La Fausse. — L'Amant de cœur. — La Remplaçante. — L'Agrément d'être rossee. L'Amant à sec. — Congédiee......................... 0 fr. 50

Les Pièges de la Bourse, par H.-F. QUINET et F. BOURNAUD.

Un Volontaire de 1792, par Jean LOMBARD. Psychologie révolutionnaire et militaire.

Bas les cœurs! 1870-1871, par Georges DARIEN.

Nell Horn de l'Armée du Salut, par J.-H. ROSNY, roman de mœurs londoniennes.

Le Jargon de Jobelin, par d'ALHIEM. Les Ballades originaires, texte, traduction et glossaire.

La Haute Banque et les Révelutions, par Auguste CHIRAC.

Où est l'argent? par Auguste CHIRAC.

Si!!! par Auguste CHIRAC.

Tino, traduit de l'allemand par Herman BANO, par Mme PROGER.

Théâtre, par Christophe MARLOW, traduction de Félix Rabbe, preface de Richepin, 2 volumes.

SPÉCIALITÉS MÉDICALES

OUVRAGES DU Dr GARNIER

Le Mariage, dans ses devoirs, ses rapports et ses effets conjugaux. 15e édition. 1 volume avec figures .... 3 fr. 50

Ce Code des mariés, en indiquant toutes les conditions sanitaires, les règles hygiéniques et les lois morales à observer pour vivre unis et en bonne santé, offre donc le plus haut intérêt pour tous ceux qui se préoccupent d'être heureux et d'avoir une progéniture saine et robuste

La Génération universelle, lois, secrets et mystères, chez l'homme et chez la femme. 7e édition très augmentée. 1 vol. avec figures .... 3 fr. 50

Ce livre s'adresse à tous, par ses renseignements utiles et intéressants. L'homme des champs, comme le naturaliste et le philosophe, y trouvera a réfutation et la critique des systèmes matérialistes en vogue.

L'Impuissance morale et physique chez les deux sexes, causes, signes, remèdes. 7e édition refondue. 1 volume avec figures.. 3 fr. 50

L'impuissance s'y trouve décrite sous toutes ses formes.

La Stérilité humaine et l'Hermaphrodisme. 4e édition. 1 vol. avec figures.. 3 fr. 50

Onanisme, seul et à deux, sous toutes ses formes et leurs conséquences. 9e édition, refondue et augmentée d'une forme inédite, avec 130 observations.......................... 3 fr. 50

Anomalies sexuelles apparentes et cachées par aberration physique ou morale. 2e édition. 1 vol. de 544 pages, avec 230 observations.................................... 3 fr. 50

Le Mal d'amour, contagion, preservatifs et remèdes. 3e édit. 1 vol. de 404 pages et 112 observations.............. 3 fr. 50

Epuisement nerveux génital (Neurasthénie sexuelle), signes et dangers, hygiène et traitement, avec 152 observations et une planche .... 3 fr. 50

Sécurité complète en amour, Impuissances et stérilité vaincues, par le Docteur Helvésius. Volume poursuivi par la 1re Chambre du Tribunal de la Seine, à Paris, le 24 fevrier et 2 mars 1897.. 3 fr. 50

Amour et Sécurité. 50e mille, par le Docteur Brennus, 1 vol., a été poursuivi.. 3 fr. »

L'Avortement, par le Docteur Brennus. 1 volume.... 4 fr. »

Le Médecin Populaire, par le Docteur Henri Deville.

Collection à 0,60 le volume.

Ce qu'on mange, 1 vol. Ce qu'on boit, 1 vol. Nos Yeux, 1 vol. Nos Oreilles, 1 vol. Maladies de la Peau, 1 vol. Les Poisons et les contrepoisons, 1 vol. Les Microbes, 1 vol. Les Exercices physiques, 1 vol. L'électricité médicale, 1 vol. Les Vertus des Plantes, 1 vol. Le chaud et le froid, 1 vol. La Médecine antiseptique, 1 vol. Les Bains de Mer, 1 vol.

Collection à 50 cent. le volume :

LE NOUVEL ET VERITABLE ORACLE DES DAMES ET DES DEMOISELLES, par NI-LUJE.......... 1 volume.
LA CUISINIÈRE POPULAIRE, par H.-M. AUDRAN....... 1 volume.
GUIDE DES NOUVEAUX MARIÉS, par Marius d'ARBAUD. 1 volume.
HYGIENE PRATIQUE DU MARIAGE, par M. d'ARBAUD. 1 volume.
LE NOUVEAU CODE DU JOUEUR, règles complètes, par NI-LUJE.......... 1 volume.
RICHARD CŒUR-DE-LION, roman célèbre de W. SCOTT. 1 volume.
L'HOMME QUI A PERDU SON OMBRE, roman fantastique, d'après ANDERSEN, par CHAMISSO.......... 1 volume.
LES CHARMES DE PETRONILLE, nouvelles, par G. BRANDIMBOURG.......... 1 volume.
CONTES ROSES ET ROSSES, par Louis BESSE.......... 1 volume.
LE DESIR, mœurs parisiennes, par Georges ROUXEL. 1 volume.
LAISSE-MOI RIRE, nouvelles, par HAN-TIFER........ 1 volume.
LE DOUBLE COCU, roman comique, par A. DE BREMONT. 1 volume.
A REBROUSSE-POIL, nouvelles, par Paul ERIO...... 1 volume.

PETIT ALBUM DE LA RIGOLADE

PAR

LE CONCIERGE DE L'OBÉLISQUE

Point n'est besoin d'être un grand sorcier pour deviner quel est le joyeux et populaire écrivain qui a pris, une fois en passant, ce pseudonyme de haute fantaisie. Il suffit de lire le sommaire de cet album réjouissant pour savoir à quoi s'en tenir.

SOMMAIRE. — Le Saint à la mode, ou le grand Antoine de Padoue, dont la spécialité est de faire retrouver les objets perdus. — La Plume de l'Ange, gai monologue anti-clérical, à dire en société. — Un Mariage entre Ennemis, conclu et consommé sur le champ de bataille; petit poème scatologique, à faire pouffer de rire, et pouvant être déclamé en société de bons vivants. Il n'est pas nécessaire de faire sortir les dames; elles en seront quittes pour rire derrière leurs éventails. D'ailleurs, quoique le sujet soit gras et même très gras, il est surtout rabelaisien et ne saurait être qualifié d'obscène — Le Curé femme-à-barbe, ou les infortunes d'un flamidien. — Saint Labre au ciel. — Le bon Missionnaire, très cocasses aventures d'un convertisseur de sauvages, devenu anthropophage lui-même, pour ne pas être mangé par la belle Gratte-Nombril, reine de la tribu des Nez-Percés, dans l'île de Kakao-Li. — La prière à saint Antoine, mystérieuse transformation d'un tuyau de pipe. — Monseigneur fait ses farces, ou comment un évêque galant perdit à Rome ses deux oreilles. — Le Paradis à l'Envers, étourdissante fantaisie, dans laquelle sont montrés les inconvénients résultant d'un quiproquo de croque-morts pochards, qui se sont trompés de cercueils ; un ratichon se trouve enterré civilement, tandis qu'un mécréant cordonnier bénéficie, à sa place, des prières de l'Eglise; le céleste séjour est bouleversé par l'introduction du libre-penseur, lequel convertit le Père Eternel à ses idées; d'où, laïcisation du Paradis, proclamée par Jéhovah !

Dans cet Album, CENT QUATRE dessins comiques.
Prix de l'Album : 30 Centimes.

COLLECTION NOUVEAU SIÈCLE

Volumes des plus artistiques, laissés au prix de **2 Francs.**

BRUNE ET BLONDE, par Louis XAVIER DE RICARD.
LES LOIS DE LA PRINCESSE, par Maurice MONTAIGUT.
L'OTAGE, par Rene MAIZEROY.

Edition unique de Romans rares, tirée sur papier du plus grand luxe.

Collection fantaisiste, à 30 c. le volume franco

AMOUR CHARNEL, par Louis BESSE .... 1 volume.
LA NUIT D'UNE DEMI-VIERGE, illustré .... 1 volume.
LES CARESSES, illustré .... 1 volume.
LA PUCE, douze illustrations photographiques ...... 1 volume.
L'AMOUR DES DEMI-VIERGES, illustré .... 1 volume.
COMMENT S'AMUSENT DEUX FEMMES, illustre .... 1 volume.
LE COUCHER D'UNE COCOTTE illustré .... 1 volume.
LES BEAUTÉS SECRÈTES DE LA FEMME, illustre ..... 1 volume.

Bibliothèque d'hygiène des deux sexes

à **25** centimes le volume — franco **35** centimes.

VOLUMES PARUS :

1. La Génération.
2. La Syphilis.
3. L'Onanisme.
4. Maladies des Femmes.
5. Hygiène alimentaire.
6. Maladies venériennes.
7. La Pédérastie.
8. Hygiène de l'enfance.
9-10. L'accouchement, 2 vol.
11. L'impuissance.
12-13. Fecondation naturelle, 2 volumes.
14. Hygiène de l'âge critique.
15. Regenération physique.
16. Anatomie des organes génitaux.
17. Les Tempéraments.
18. Le Mariage.
19. Hygiène de la Puberté.
20. La Grossesse.
21. Syphilis chez les nouveaux-nés.
22-22 *bis*. Amour conjugal, 2 vol.
23-24. La Sterilité, 2 volumes.
25-26-27-28. La Prostitution, 4 volumes.
29-30 La Tuberculose, 2 vol.
31-32, Les Hysteriques, 2 vol.

AVIS IMPORTANT

Tous les volumes édités par M. PIERRE FORT, *ainsi que ceux en dépôt à sa Librairie, sont envoyés contre mandat-poste, bons de poste ou timbres-poste français, aux prix indiqués dans ce Catalogue. Les timbres étrangers sont refusés.*

Imprimerie de Poissy. — S. LEJAY.